全民阅读
中华优秀传统文化
经典系列

刘苍劲　丛书主编

增广贤文
弟子规

清·佚名　著
清·李毓秀　著
邓启铜诸华　注释
梁国英　胡冰　导读
王美君　张娟　配音

北京师范大学出版集团
北京师范大学出版社

图书在版编目(CIP)数据

增广贤文　弟子规/邓启铜，诸华注释. —北京：北京师范大学出版社，2019.2

（中华优秀传统文化经典系列）

ISBN 978-7-303-23089-1

Ⅰ.①增… Ⅱ.①邓… ②诸… Ⅲ.①古汉语－启蒙读物 ②《增广贤文》－注释 ③《弟子规》－注释　Ⅳ.①H194.1

中国版本图书馆 CIP 数据核字（2017）第 289879 号

营 销 中 心 电 话　010-58805072　58807651
北师大出版社高等教育与学术著作分社　http://xueda.bnup.com

ZENG GUANG XIAN WEN DIZI GUI

出版发行：北京师范大学出版社 www.bnup.com
　　　　　北京市海淀区新街口外大街 19 号
　　　　　邮政编码：100875

印　　刷：	大厂回族自治县正兴印务有限公司
经　　销：	全国新华书店
开　　本：	787 mm×1092 mm　1/16
印　　张：	12.25
字　　数：	198 千字
版　　次：	2019 年 2 月第 1 版
印　　次：	2019 年 2 月第 1 次印刷
定　　价：	36.00 元

策划编辑：祁传华　魏家坚	责任编辑：周　鹏
美术编辑：王齐云	装帧设计：王齐云
责任校对：陈　民	责任印制：马　洁

版权所有　侵权必究

反盗版、侵权举报电话：010-58800697
北京读者服务部电话：010-58808104
外埠邮购电话：010-58808083
本书如有印装质量问题，请与印制管理部联系调换。
印制管理部电话：010-58805079

继承和弘扬中华优秀传统文化
大力加强社会主义核心价值观教育

中华文化源远流长、灿烂辉煌。在五千多年文明发展中孕育的中华优秀传统文化，积淀着中华民族最深沉的精神追求，代表着中华民族独特的精神标识，是中华民族生生不息、发展壮大的丰厚滋养，是中国特色社会主义植根的文化沃土，是当代中国发展的突出优势，对延续和发展中华文明、促进人类文明进步，发挥着重要作用。

中共十八大以来，以习近平总书记为核心的党中央高度重视中华优秀传统文化的传承发展，始终从中华民族最深沉精神追求的深度看待优秀传统文化，从国家战略资源的高度继承优秀传统文化，从推动中华民族现代化进程的角度创新发展优秀传统文化，使之成为实现"两个一百年"奋斗目标和中华民族伟大复兴中国梦的根本性力量。习近平总书记指出："一个国家、一个民族的强盛，总是以文化兴盛为支撑的，中华民族伟大复兴需要以中华文化发展繁荣为条件。""中华传统文化博大精深，学习和掌握其中的各种思想精华，对树立正确的世界观、人生观、价值观很有益处。"

中华文化独一无二的理念、智慧、气度、神韵，增添了中国人民和中华民族内心深处的自信和自豪，也孕育培养了悠久的文化传统和富有价值的文化因子。传承发展中华优秀传统文化，就要大力弘扬讲仁爱、重民本、守诚信、崇正义、尚和合、求大同等核心思想理念，就要大力弘扬自强不息、敬业乐群、扶危济困、见义勇为、孝老爱亲等中华传统美德，就要大力弘扬有利于促进社会和谐、鼓励人们向上向善的思想文化内容。当前，我们强调培育和弘扬社会主义核心价值观，必须立足中华优秀传统文化，使中华优秀传统文化成为涵养社会主义核心价值观的重要源泉。核心价值理念往往与文化传统与文化积淀息息相关、一脉相承。社会主义核心价值观充分体现了对中华优秀传统文化的继承和升华。"富强、民主、文明、和谐，自由、平等、公正、法治，爱国、敬业、诚信、友善"的社会主义核心价值观，既深刻反映了社会主义中国的价值理念，更是五千年中华优秀传统文化的传承与发展。将中华优秀传统文化作为社会主义核心价值观教育的重要素材，以中华优秀传统文化涵养社会主义核心价值观，是明确文化渊源和民族文魄，树立文化自信和价值观自信，走好中国道路和讲好中国故事的必然要求。

2017年1月，中共中央办公厅、国务院办公厅印发了《关于实施中华优秀传统文化传承发展工程的意见》，将实施中华优秀传统文化传承发展工程上升到建设社会主义文化强国的重大战略任务的高度，力图在全社会形成重视中华优秀传统文化、学习弘扬中华优秀传统文化的氛围。由刘苍劲教授组织广东省上百位专家学者历时三年主编的这套"全民阅读·中华优秀传统文化经典系列"丛书，是广东省贯彻落实习近平总书记关于大力弘扬中华优秀传统文化系列讲话精神的重大举措，是具有广东特色、岭南气派的文化大工程。该套丛书真正体现了全民阅读的需要，每本经典都配有标准的拼音、专业的注释、精美的诵读，使不同阶层、不同文化、不同年龄、不同专业的中国人都可以读懂、读通、读透这些经典。通过客观、公正的导读指导，有机会阅读该丛书的读者都能够在阅读中华优秀传统文化经典中受到历史、政治、科学、人文、道德等多方面的启迪，在阅读中弘扬、在阅读中继承、在阅读中扬弃，从而实现树立社会主义核心价值观的目的。

该丛书质量精良，选题准确，导读科学，值得推荐，是为序。

刘苍劲

2018年6月

目录

增广贤广 / 1

《增广贤文》导读 /3

增广贤文 /7

重订《增广》 /57

弟子规 / 155

《弟子规》导读 /157

弟子规 /163

高谈今古辨愚贤（局部）清·钱慧安

增广贤文

踏雪寻梅·杨柳青木版年画

《钦定元王恽承华事略补图》之《汉惠帝四皓图》

《增广贤文》导读

梁国英

《增广贤文》又名《昔时贤文》《古今贤文》，是中国古代儿童启蒙读物。全书四千余字，汇集了历朝历代有关为人处世、修身治学的谚语、格言、警句。书名最早见之于明代万历年间的戏曲《牡丹亭》，据此可推知此书最迟写成于万历年间，经过明、清两代文人的不断增补，才改成现在这个模样，称《增广昔时贤文》，通称《增广贤文》。作者一直未见任何书载，只知道清代同治年间儒生周希陶曾进行过重订，书中的文句很可能是民间集体创作的结晶。

《增广贤文》收录的绝大多数句子来自四书五经、诗词曲赋、史学经典、佛道经典，以及民间广泛流传的谚语、格言等，从礼仪道德、典章制度到风物典故、天文地理，几乎无所不含。从表面上看，全书似乎杂乱无章，但只要认真通读，不难发现其内在的逻辑与内涵。全书主要内容大致包括以下方面。

第一，人心与人际关系。与其他充满阳光和积极的教育观念的蒙学经典不同，《增广贤文》以冷峻的目光洞察社会人生，以"人性恶"为前提，揭示了世态炎凉、人心险恶的一面：人很难交到知心朋友，如"画虎画皮难画骨，知人知面不知心"；亲情若被金钱污染，就会出现嫌贫爱富，如"贫居闹世无人问，富在深山有远亲"；人是虚伪自私、唯利是图的动物，如"人为财死，鸟为食亡"；有些友情只是一句谎言，如"有茶有酒多兄弟，急难何曾见一人"；尊卑由金钱来决定，如"不信但看筵中酒，杯杯先劝有钱人"；法律和正义为金钱所操纵，如"八字衙门向南开，有理无钱莫进来"；人性被利益扭曲，如"山中有直树，世上无直人"；人言善恶难辨，如"入山不怕伤人虎，只怕人情两面刀"。《增广贤文》把社会诸多方面的阴暗现象高度概括，冷冰冰地展现在读者面前，不需讲解就能读。

第二，为人处世之道。《增广贤文》看到社会处境艰难的一面，因而提出很多为人处世的方式和态度，有积极的应对，也有消极的躲避。例如，与人交往、说话要有防备之心，留有余地："逢人且说三分话，未可全抛一片心"；要心存善念，多做善事："善事可作，恶事莫为"；要多听建议："良药苦口利于病，忠言逆耳利于行"；养成勤劳朴实、吃苦耐劳的优良习惯："一年之计在于春，一日之计在于寅""一饭一粥，当思来处不易；半丝半缕，恒念物力维艰"。即使事业一帆风顺，也要居安思危："得宠思辱，居安思危。念念有如临敌日，心心常似过桥时。"《增广贤文》中的为人处世观念和人生智慧很有哲理，耐人寻味，让你读懂世事复杂多变，明了人性存在的弱点，从而习得为人处世之道。

第三，学习之道。《增广贤文》有很多谈到读书学习的地方，认为读书学习是世上最有价值的事情："万般皆下品，唯有读书高"；读书要用心体会："读书须用意，一字值千金"；珍惜读书时间，不让光阴虚度："黑发不知勤学早，转眼便是白头翁"；要读书学习才能对社会、对仕途有用："好学者如禾如稻，不好学者如蒿如草""欲昌和顺须为善，要振家声在读书"；要重视儿孙的读书学习："劝君莫将油炒菜，留与儿孙夜读书""积钱积穀，不如积德；买田买地，不如买书"。这些读书学习的观点对今天的人们依然有启发教育意义。

第四，义利善恶观。《增广贤文》中揭示的社会虽然充满了陷阱和危机，但是强调人的主观能动性，应该有正确的义利观、善恶观。例如，书中有多处提到钱财的句子："钱财如粪土，仁义值千金""两人一条心，有钱堪买金。一人一条心，无钱难买针"。在作者眼里，仁义、同心同德比金钱更重要。"善恶有报"的思想在中国社会根深蒂固，作者也明确劝导人们多做善事、不做恶事："一毫之恶，劝人莫作；一毫之善，与人方便""为善最乐，为恶难逃"。

除了上述内容，《增广贤文》还倡导诚信观念、孝道观念、宽恕敬长观念等，也提到了命运观念等。总而言之，《增广贤文》汇集了各家经典名句，庞杂并包，不同的人都可以从中读到自己认可的格言名句。

　　《增广贤文》以深刻而冷峻的目光观察社会现实，可以帮助人们更好地认识社会和人生，然而，该书的成书环境与当今的时代环境不同，有一些内容必然会打上那个时代的印记，需要我们在阅读的时候有所取舍，采取批判的态度，吸取其中有营养价值的精华部分，古为今用。本书在《增广贤文》原文的基础上，增加注释，结合社会主义核心价值观，为青少年提供导读导思内容，增强了本书的可读性，以帮助青少年更好地领会全书蕴含的文化意义和思想精华。

巫峡秋涛图 清·袁 耀

增广贤文

(清)佚 名

《钦定元王恽承华事略补图》之《梁昭明太子感瑞图》

昔时贤文，诲汝谆谆，①
集韵增广，多见多闻。②
观今宜鉴古，无古不成今。③
知己知彼，将心比心。④
酒逢知己饮，诗向会人吟。⑤
相识满天下，知心能几人？
相逢好似初相识，到老终无怨恨心。⑥
近水知鱼性，近山识鸟音。

注释：①昔：从前。贤：教人德行（做人道理）的。诲：教导。汝：你。谆谆：恳切。②增广：增智慧，广见闻。③宜：应该。鉴：借鉴。④彼：别人。⑤知己：好朋友。吟：吟诵。⑥"相逢"二句：人和人之间的相识应该总好像是刚见面似的，这样到老就不会产生怨恨之心了。

古贤诗意图（局部）　明·杜堇

易涨易退山溪水，易反易覆小人心。

运去金成铁，时来铁似金。①

读书须用意，一字值千金。

逢人且说三分话，未可全抛一片心。②

有意栽花花不发，无心插柳柳成荫。

画虎画皮难画骨，知人知面不知心。③

钱财如粪土，仁义值千金。④

流水下滩非有意，白云出岫本无心。⑤

当时若不登高望，谁识东流海样深。

注释：①运：运气。时：时机，机遇。②且：暂时。③面：外表。④仁：良心，善心。⑤"流水"二句：流水从滩头泻下并非有意之举，白云从山峰中飘来完全出于自然。岫：山峦。本：本来。

松阁远眺图 明·仇英

路遥知马力，事久见人心。①

马行无力皆因瘦，人不风流只为贫。②

饶人不是痴汉，痴汉不会饶人。③

是亲不是亲，非亲却是亲。④

美不美，乡中水；亲不亲，故乡人。

相逢不饮空归去，洞口桃花也笑人。

为人莫作亏心事，半夜敲门心不惊。

两人一条心，有钱堪买金；⑤

一人一条心，无钱难买针。

莺花犹怕春光老，岂可教人枉度春？⑥

注释：①遥：远。②"马行"二句：马行走无力都因为它瘦弱，人行事不风流不潇洒只因为他穷。皆：都。因：因为。③"饶人"二句：能宽恕别人的人不是傻瓜，傻瓜从来不会宽恕别人。饶：宽恕，原谅。④亲：亲人，自己人。⑤堪：可以。⑥犹：还。岂：哪里。枉：白白地。

盆菊幽赏图　明·沈　周

黄金无假,阿魏无真。①

客来主不顾,应恐是痴人。②

贫居闹市无人问,富在深山有远亲。③

谁人背后无人说,哪个人前不说人?

有钱道真语,无钱语不真;④

不信但看筵中酒,杯杯先劝有钱人。⑤

闹里有钱,静处安身。⑥

注释:①"黄金"二句:黄金贵重,很难造假,阿魏这样的药材却没什么真货。阿魏:一种草本植物。②主:主人。③贫:贫穷,这里指贫穷的人。下句的"富"指富贵的人。④"有钱"二句:有钱人说的好像都是真理;没钱的人即便说的是真理,人们也不相信。⑤但:只要。⑥"闹里"二句:喧闹、繁华的地方有钱可赚,偏僻、幽静的地方宜于安身。

春居图 清·袁耀

来如风雨,去似微尘。①

长江后浪催前浪,世上新人赶旧人。

近水楼台先得月,向阳花木早逢春。

古人不见今时月,今月曾经照古人。

先到为君,后到为臣。

莫道君行早,更有早行人。②

莫信直中直,须防仁不仁。

山中有直树,世上无直人。③

自恨枝无叶,莫怨太阳倾。

注释:①"来如"二句:来势如急风暴雨,消退如微尘飘落。②君:君主。③直人:完全正直、没有私心的人。

辟纑图(局部) 明·周 臣

增广贤文·弟子规

一年之计在于春,一日之计在于寅,①
一家之计在于和,一生之计在于勤。

责人之心责己,恕己之心恕人。②

守口如瓶,防意如城。③

宁可人负我,切莫我负人。④

再三须重事,第一莫欺心。

虎生犹可近,人熟不堪亲。

来说是非者,便是是非人。

注释:①计:计划,打算。寅:寅时,旧式计时法指夜里三点到五点的时间。②责:责备。恕:宽恕,原谅。③防意:提防产生邪念。如城:如守城。④负:亏待。

农户小桥图 清·袁耀

远水难救近火,远亲不如近邻。
有茶有酒多兄弟,急难何曾见一人!
人情似纸张张薄,世事如棋局局新。
山中也有千年树,世上难逢百岁人。
力微休负重,言轻莫劝人。①
无钱休入众,遭难莫寻亲。②
平生莫作皱眉事,世上应无切齿人。③

注释：①微：小。休：别，不要。负：背。②难：灾难。③皱眉事：指害人的事。切齿人：仇人。

百岁旧人谈旧事图 清·袁耀

士者国之宝，儒为席上珍。①

若要断酒法，醒眼看醉人。

求人须求大丈夫，济人须济急时无。②

渴时一滴如甘露，醉后添杯不如无。

久住令人贱，频来亲也疏。③

酒中不语真君子，财上分明大丈夫。

积金千两，不如多买经书。④

养子不教如养驴，养女不教如养猪。

注释：①士：习文学武者。儒：读书人，有文化的人。②济：救济，帮助。③贱：看不起。频：频繁，多次。④积：储存。经书：指作为典范的书。

古贤诗意图（局部）　明·杜堇

有田不耕仓廪虚，有书不读子孙愚；①
仓廪虚兮岁月乏，子孙愚兮礼义疏。②
同君一席话，胜读十年书。③
人不通古今，马牛而襟裾。④
茫茫四海人无数，哪个男儿是丈夫！
美酒酿成缘好客，黄金散尽为收书。⑤
救人一命，胜造七级浮屠。⑥
城门失火，殃及池鱼。⑦

注释：①**廪**：粮仓。②**兮**：语气助词。③**胜**：好过……，比……更好。④**马牛而襟裾**：就像穿着衣服的牛马。**襟**：上衣、袍子前面的部分。**裾**：衣服的前后部分。⑤**缘**：因为。⑥**胜造七级浮屠**：比帮寺院建七层塔还好。**浮屠**：佛塔。⑦**殃**：使受祸害。**及**：到。

蒹葭书屋图（局部） 清·禹之鼎

增广贤文

庭前生瑞草，好事不如无。①

欲求生富贵，须下死工夫。

百年成之不足，一旦败之有余。②

人心似铁，官法如炉。③

善化不足，恶化有余。④

水至清则无鱼，人至察则无谋。⑤

知者减半，愚者全无。⑥

在家由父，出嫁从夫。

注释：①瑞：吉祥。②"**百年**"二句：多年奋斗要做成一件事还不一定成功，而一瞬间的不慎，毁坏起来却绰绰有余。成：建设。足：足够。一旦：一朝，一日。③"**人心**"二句：如果说人心像铁，那么国家的法律就像冶铁的火炉。④"**善化**"二句：如果善性对你感化不够，那么恶性对你的感化就会变本加厉。⑤"**水至**"二句：水过分清澈就不会有鱼，人过分明察就没有人为你出主意。察：细致。谋：指谋划。旧时也有读 mú 的，这样和上下文押韵。⑥"**知者**"二句：世上自认为的聪明人如果减少一半，那就找不到愚笨的人了。知：通"智"，有智慧。

人物山水图　明·尤求

痴人畏妇，贤女敬夫。①

是非终日有，不听自然无。

宁可正而不足，不可邪而有余。②

宁可信其有，不可信其无。

竹篱茅舍风光好，道院僧房总不如。

命里有时终须有，命里无时莫强求。

道院迎仙客，书堂隐相儒。③

庭栽栖凤竹，池养化龙鱼。④

注释：①妇：妇人，此指妻子。②**不足：**指生活贫困。**有余：**指生活富裕。③相：此指做官的人。儒：读书人。④栖：栖息，停留。

《寿袁方斋三绝图册》之《修竹坞》 明·陈道复

结交须胜己,似我不如无。
但看三五日,相见不如初。①
人情似水分高下,世事如云任卷舒。②
会说说都是,不会说无礼。
磨刀恨不利,刀利伤人指。
求财恨不多,财多反害己。
知足常足,终身不辱;
知止常止,终身不耻。③

注释:①初:初相识时的印象。②"人情"二句:人情像水流一样有高处、低处之分,世事像云一样变化无常。③"知足"四句:知道满足的道理就会经常感到满足,懂得任何事物都有止境就应适可而止,这样一生都不会遭受耻辱。

《十二金钗图册》之《黛玉葬花》　清·费丹旭

有福伤财，无福伤己。①
差之毫厘，失之千里。②
若登高必自卑，若涉远必自迩。③
三思而行，再思可矣。④
使口不如自走，求人不如求己。⑤
小时是兄弟，长大各乡里。⑥
嫉财莫嫉食，怨生莫怨死。⑦
人见白头嗔，我见白头喜。⑧
多少少年亡，不到白头死。

注释：①"有福"二句：遇到危难时，有福的人只会损失钱财，无福的人就会伤害到性命。②"差之"二句：虽然开始相差很小，但结果会造成很大的错误。③"若登"二句：登高处一定要从低处开始，走远路一定要从近处起步。卑：低。迩：近。④"三思"二句：人们常说思考三次而后行事，其实思考两次就足够了。⑤使口：开口指使人。⑥"小时"二句：小时候在一起是好兄弟，长大成人后则各奔东西。⑦"嫉财"二句：可以嫉妒别人的钱财，但不能嫉妒别人的饮食；别人活着的时候你可以埋怨，但死了就不要再埋怨。⑧嗔：怒，生气。

归庄图卷（局部）元·何澄

墙有缝,壁有耳。①
好事不出门,恶事传千里。
贼是小人,知过君子。②
君子固穷,小人穷斯滥矣。③
贫穷自在,富贵多忧。④
不以我为德,反以我为仇。⑤
宁可直中取,不向曲中求。⑥

注释:①"墙有"二句:再好的墙壁都有透风的裂缝,而隔墙有耳,应时时提防。耳:与上下文并不押韵,但保留不少古音的粤语读音类似 yi,还是押韵的。②"贼是"二句:贼虽然是卑鄙小人,但其智慧有时可以超过品行高尚的人。知:通"智",智慧。③"君子"二句:品行正派的人虽穷困,但能安分守己,小人穷困了则会胡作非为。斯:于是,就。④"贫穷"二句:人虽贫穷但活得自在,人越富贵,忧虑越多。⑤"不以"二句:不但不感激我,说我好,反而说我坏话,以我为仇人。⑥直:正直,用光明正大的方式。曲:走邪门歪道,用不正当方法。

《孔子圣迹图》之《在陈绝粮》 明·佚 名

人无远虑,必有近忧。
知我者谓我心忧,
不知我者谓我何求。①
晴天不肯去,直待雨淋头。②
成事莫说,覆水难收。③
是非只为多开口,烦恼皆因强出头。④
忍得一时之气,免得百日之忧。
惧法朝朝乐,欺公日日忧。⑤

注释:①"知我"二句:了解我的人能说出我内心的忧愁,不了解我的人认为我有个人所求。②"晴天"二句:天气好时不愿前去,一直等到大雨淋头时才行动,已经晚了。③"成事"二句:事情办成了不要再多说,泼出去的水是收不回来的。覆:倒掉。④为:因为。强:勉强。⑤惧:惧怕。法:法律。欺:欺侮。公:公德,公众。

《山水图册》之《竹林闲琴》 清·王 云

人生一世，草生一春。①

黑发不知勤学早，转眼便是白头翁。②

月过十五光明少，人到中年万事休。

儿孙自有儿孙福，莫为儿孙作马牛。

人生不满百，常怀千岁忧。③

今朝有酒今朝醉，明日愁来明日忧。

路逢险处难回避，事到头来不自由。④

药能医假病，酒不解真愁。

注释：①一春：一年。②黑发：指年轻时。③"人生"二句：人一生连百岁都很难活到，却常常心怀千年的忧患。④"路逢"二句：行路遇险很难躲避，事情临到头上就由不得自己了。

饮中八仙·杨柳青木版年画

人贫不语,水平不流。①

一家养女百家求,一马不行百马忧。

有花方酌酒,无月不登楼。②

三杯通大道,一醉解千愁。③

深山毕竟藏猛虎,大海终须纳细流。

惜花须检点,爱月不梳头。④

大抵选他肌骨好,不擦红粉也风流。⑤

受恩深处宜先退,得意浓时便可休。⑥

注释: ①不语:不敢随便说话。②酌:斟(酒),饮(酒)。③"三杯"二句:三杯喝下去可以通晓道理,一醉可以解除烦恼、忧愁。④"惜花"二句:意指做人不要拈花惹草,应当洁身自好。⑤"大抵"二句:只要身体素质好,不梳妆打扮也风流。⑥"受恩"二句:受到很深的恩惠时就及早身退,春风得意时就及时罢休。

妆靓仕女图 宋·苏汉臣

莫待是非来入耳，从前恩爱反成仇。①

留得五湖明月在，不愁无处下金钩。②

休别有鱼处，莫恋浅滩头。③

去时终须去，再三留不住。④

忍一句，息一怒；饶一着，退一步。⑤

三十不豪，四十不富，

五十将近寻死路。⑥

生不认魂，死不认尸。⑦

注释：①莫待：不要等待。②下金钩：指钓鱼。③"休别"二句：不要离开有鱼的地方而迷恋浅水滩头。休：别，不要。④"去时"二句：该失去的再留也留不住。去：离开。⑤"忍一"四句：忍住少说一句，就能平息别人一次愤怒；饶人一着，别人也会退让一步。⑥"三十"三句：人到三十岁不自强自立，四十岁不发不富，到五十岁就没什么指望了。⑦"生不"二句：指态度强硬，死活不认。

柳溪泛舟　明·仇　英

一寸光阴一寸金,寸金难买寸光阴。
父母恩深终有别,夫妻义重也分离。
人生似鸟同林宿,大限来时各自飞。①
人善被人欺,马善被人骑。②
人无横财不富,马无野草不肥。
人恶人怕天不怕,人善人欺天不欺。
善恶到头终有报,只争来早与来迟。
黄河尚有澄清日,岂有人无得运时?
得宠思辱,居安思危。③
念念有如临敌日,心心常似过桥时。④

注释: ①**大限:** 生命的极限,指死期。②**善:** 善良,这里是软弱的意思。③**宠:** 受到偏爱。**辱:** 受到凌辱。④**念念:** 刹那,指极短的时间。**心心:** 一心一意,专心。

人马图 元·赵孟頫

英雄行险道,富贵似花枝。①

人情莫道春光好,只怕秋来有冷时。

送君千里,终须一别。

但将冷眼观螃蟹,看你横行到几时?

闲事休管,无事早归。

假缎染就真红色,也被旁人说是非。②

善事可作,恶事莫为。

注释:①"英雄"二句:英雄豪杰所走的道路充满艰险,富贵荣华像花枝一样容易凋谢。
②"假缎"二句:假的绸缎即使染成真的红色,也会遭到人们非议。

《山水图册》之《雪江卖鱼》 清·王 云

许人一物，千金不移。①

龙生龙子，虎生虎儿。

龙游浅水遭虾戏，虎落平阳被犬欺。

一举首登龙虎榜，十年身到凤凰池。

十载寒窗无人问，一举成名天下知。②

酒债寻常行处有，人生七十古来稀。③

养儿防老，积谷防饥。

当家才知盐米贵，养子方知父母恩。

注释：①许：许诺，答应。②"十载"二句：十年寒窗苦读没有人知晓，一旦科举考试中举就天下闻名了。寒窗：苦学。③"酒债"二句：欠下酒钱是很平常的事，人活到七十岁却自古少有。

增广贤文

深柳读书堂图　清·王翚

常将有日思无日，莫把无时当有时。①
时来风送滕王阁，运去雷轰荐福碑。②
入门休问荣枯事，观看容颜便得知。③
官清书吏瘦，神灵庙祝肥。④
息却雷霆之怒，罢却虎狼之威。⑤
饶人算之本，输人算之机。⑥
好言难得，恶语易施。⑦
一言既出，驷马难追。⑧

注释：①"常将"二句：应该常常在有吃穿的时候想到没有吃穿的日子，不要等到没有吃穿的时候才想念有吃穿的日子。②"时来"二句：运气好时，不利的情况也能变好；运气不佳，好的局面也会变坏。③**荣**：荣耀，光彩。**枯**：沮丧，不光彩。④**清**：清廉（不腐败）。**书吏**：承办文书的吏员。**灵**：灵验。**庙祝**：寺庙中管香火的人。⑤"息却"二句：为官的人应当平息雷霆般的愤怒，去掉虎狼般的威风。⑥"饶人"二句：饶恕别人是处事的根本，忍让别人是处事的关键。⑦"好言"二句：于人有益的话不容易听到，伤害人的话却很容易说出。⑧**驷马**：同拉一辆车的四匹马。

云中送别图（局部） 明·陶 成

道吾好者是吾贼,道吾恶者是吾师。①
路逢侠客须呈剑,不是才人莫献诗。
三人行,必有我师焉;
择其善者而从之,其不善者而改之。②
欲昌和顺须为善,要振家声在读书。③
少壮不努力,老大徒伤悲。
人有善愿,天必佑之。④
莫饮卯时酒,昏昏醉到酉。⑤
莫骂酉时妻,一夜受孤凄。⑥

注释: ①道:说。贼:敌人。②"择其"二句:选择他们的长处来学习,对他们的缺点可借鉴改正。③欲:要。昌:兴旺。和顺:和谐、顺利。为:做。在:在于,靠。④愿:愿望。天:神灵。佑:保佑,成全。⑤卯时:旧式计时法指早晨五点到七点的时间。⑥酉时:旧式计时法指下午五点到七点的时间。

秋夜读书图(局部) 清·蔡嘉

增广贤文·弟子规

种麻得麻，种豆得豆。

天眼恢恢，疏而不漏。①

见官莫向前，做客莫在后。②

宁添一斗，莫添一口。③

螳螂捕蝉，岂知黄雀在后？

不求金玉重重贵，但愿儿孙个个贤。④

一日夫妻，百世姻缘。

百世修来同船渡，千世修来共枕眠。

注释：①恢恢：大，宽广。②见：拜见。官：当官的。③口：嘴，指人。④贤：有德行，会做人。

双拜花堂·杨柳青木版年画

杀人一万，自损三千。①
伤人一语，利如刀割。
枯木逢春犹再发，人无两度再少年。
未晚先投宿，鸡鸣早看天。②
将相顶头堪走马，公侯肚内好撑船。③
富人思来年，穷人思眼前。④
世上若要人情好，赊去物件不取钱。⑤
死生有命，富贵在天。⑥

注释：①"杀人"二句：杀死一万敌人，自己一方也要损失三千人。②"未晚"二句：出行时不到晚上就该去找住宿处，听到鸡叫就要及时起来看看天气。③"将相"二句：将军、宰相应能承担大事，头顶可以跑马；王公、贵族应当宽宏大量，肚里可以撑船。④来年：第二年。⑤赊：赊欠，这里有送的意思。⑥命：命运。

春山瑞松图（局部）宋·米芾

击石原有火，不击乃无烟。①
为学始知道，不学亦枉然。②
莫笑他人老，终须还到老。
和得邻里好，犹如拾片宝。③
但能依本分，终须无烦恼。④
大家做事寻常，小家做事慌张。⑤
大家礼义教子弟，小家凶恶训儿郎。
君子爱财，取之有道。⑥

注释：①"击石"：敲打石头会产生火花，不去敲打连烟都不会出。②为学：做学问，读书。道：道理，真理，规矩。枉然：得不到任何收获。③犹如：好像。④依本分：规规矩矩地做人。须：应当。⑤大家：大户人家。小家：小户人家。⑥有道：用正当、合情、合法的方式。

鲁公写经图（局部） 陆恢

贞妇爱色，纳之以礼。①

善有善报，恶有恶报；②

不是不报，日子未到。

万恶淫为首，百行孝当先。

人而无信，不知其可也。③

一人道虚，千人传实。④

凡事要好，须问三老。⑤

若争小可，便失大道。⑥

注释：①"贞妇"二句：贞节的女子也喜欢打扮，但都符合礼仪规范。②报：报应。③"人而"二句：一个人不讲信用，真不知道他还能干什么事情。④"一人"二句：一个人编造出来的事，经过上千人传来传去就变成真事了。⑤"凡事"二句：要想办好事情，必须请教德高望重的老人。⑥"若争"二句：在一些小事上斤斤计较，就会在大的方面造成损失。

《女孝经图卷》之《开宗明义章》 宋·佚 名

家中不和邻里欺，邻里不和说是非。

年年防饥，夜夜防盗。

好学者如禾如稻，不好学者如蒿如草。①

遇饮酒时须饮酒，得高歌处且高歌。

因风吹火，用力不多。②

不因渔父引，怎得见波涛？③

无求到处人情好，不饮任他酒价高。

知事少时烦恼少，识人多处是非多。

世间好语书说尽，天下名山僧占多。

注释：①"好学"二句：好学习的人像禾苗一样对世人有用，不愿意学习的人像蒿草一样对世人无用。②因：凭借。③引：指引。波涛：指江河。

唐学士饮酒图　清·沙　馥

入山不怕伤人虎,只怕人情两面刀。①

强中更有强中手,恶人终受恶人磨。

会使不在家豪富,风流不在着衣多。②

光阴似箭,日月如梭。

天时不如地利,地利不如人和。③

黄金未为贵,安乐值钱多。④

万般皆下品,唯有读书高。

为善最乐,为恶难逃。

> 注释：①"入山"二句：上山不怕伤害人的老虎,只怕人情险恶,两面三刀。②"会使"二句：善于理财不在于家中富有,风流、潇洒并不在于穿的衣服多少。③天时：时机。地利：地理条件好。人和：人团结。④"黄金"二句：黄金算不上宝贵,平安、快乐的生活才是最宝贵的。

倚杖寻幽图　明·沈　周

增广贤文

增广贤文·弟子规

羊有跪乳之恩，鸦有反哺之义。①

孝顺还生孝顺子，忤逆还生忤逆儿；②

不信但看檐前水，点点滴在旧窝池。③

隐恶扬善，执其两端。④

妻贤夫祸少，子孝父心宽。

人生知足何时足，到老偷闲且是闲。⑤

但有绿杨堪系马，处处有路透长安。⑥

既堕釜甑，反顾何益？⑦

反覆之水，收之实难。

注释：①"羊有"二句：羊羔有跪下接受母乳的感恩举动，小乌鸦有衔食反喂母鸦的情义。②忤逆：不孝顺（父母）。③檐：屋檐，即屋顶向旁边伸出的边沿部分。④"隐恶"二句：不讲别人的坏处，多讲别人的好处，要把握住这两点。⑤"人生"二句：人一辈子也没有满足的时候，年老时当忙里偷闲，颐养天年。⑥"但有"二句：只要有绿树就能拴马，处处大路可通往长安。⑦"既堕"二句：事情到了无法挽回的地步，反悔也没有什么用处。堕：掉下。釜：古代的炊事用具，相当于现在的锅。甑：古时蒸食物用的瓦器。

药草山房图卷（局部）
明·文嘉等

见者易，学者难。①

莫将容易得，便作等闲看。②

用心计较般般错，退步思量事事宽。③

道路各别，养家一般。④

从俭入奢易，从奢入俭难。⑤

知音说与知音听，不是知音莫与弹。⑥

点石化为金，人心犹未足。

信了肚，卖了屋。⑦

注释：①见：看。学：动手学别人那样做。②"莫将"二句：不要把容易得到的东西看得很平常而不知珍惜。③"用心"二句：过于用心计较每件事，就会觉得哪儿都不对；退一步想一想，所有的事都容易处理了。④"道路"二句：各人所走的道路虽不一样，但其目的都是养家糊口。⑤俭：节俭。奢：奢侈。⑥"知音"二句：知心的话说给知己听，不是知己就不要跟他谈。⑦"信了"二句：只顾大吃大喝，结果把房子卖了。

马鞍山俞伯牙抚琴·杨柳青木版年画

谁人不爱子孙贤，谁人不爱千钟粟，奈五行，不是这般题目。①

莫把真心空计较，儿孙自有儿孙福。②

天下无不是的父母，

世上最难得者兄弟。

与人不和，劝人养鹅；

与人不睦，劝人架屋。

注释：①"谁人"四句：没有人不希望子孙后代贤能，没有人不喜欢无比优厚的俸禄，只是无奈五行八字中没有如此好的运气。②"莫把"二句：不要为子孙们的前途枉费心机，他们自有他们的福气。

《归去来辞》之《稚子候门》　明·马　轼

但行好事，莫问前程。①
不交僧道，便是好人。
河狭水激，人急计生。
明知山有虎，莫向虎山行。
路不铲不平，事不为不成；
人不劝不善，钟不敲不鸣。
无钱方断酒，临老始看经。②
点塔七层，不如暗处一灯。③
堂上二老是活佛，何用灵山朝世尊？④

注释：①"但行"二句：一心去做好事，不要计较前途如何。②"无钱"二句：没钱的时候才去戒酒，年纪老了才开始读经书。③"点塔"二句：把七层高塔都点亮，不如在黑暗处点亮一盏灯。④"堂上"二句：堂上二老双亲就是活菩萨，何必一定要去灵山朝拜佛祖呢？

山静日长图　明·文　嘉

万事劝人休瞒昧,举头三尺有神明。①

但存方寸土,留与子孙耕。

灭却心头火,剔起佛前灯。②

惺惺常不足,懵懵作公卿。③

众星朗朗,不如孤月独明。

兄弟相害,不如友生。④

合理可作,小利莫争。

牡丹花好空入目,枣花虽小结实成。

注释:①"万事"二句:凡事奉劝人们不要欺瞒别人,一举一动,头上的神明都看得一清二楚。②心头火:心头欲望之火。剔:挑。③"惺惺"二句:聪慧、能干的人不能成事,稀里糊涂的人却做了高官。惺惺:清醒,聪明。懵懵:糊涂。④友生:朋友。

月下把杯图 宋·马远

随分耕锄收地利，他时饱暖谢苍天。①

得忍且忍，得耐且耐；

不忍不耐，小事成大。

相论逞英豪，家计渐渐消。②

贤妇令夫贵，恶妇令夫败。

一人有庆，兆民咸赖。③

人老心不老，人穷志不穷。

人无千日好，花无百日红。

注释：①"随分"二句：按照农时变化来种植、收获庄稼，吃饱穿暖时不要忘记感谢上苍。②"相论"二句：彼此相互攀比，各逞其能，家道将逐渐衰败下去。③"一人"二句：一个人成功了，许多人都会有依靠。兆：一百万。咸：都。

《女孝经图卷》之《三才章》 宋·佚 名

杀人可恕，情理难容。

乍富不知新受用，乍贫难改旧家风。①

座上客常满，杯中酒不空。

屋漏更遭连夜雨，行船又遇打头风。②

笋因落箨方成竹，鱼为奔波始化龙。③

曾记少年骑竹马，看看又是白头翁。

礼义生于富足，盗贼出于赌博。④

天上众星皆拱北，世间无水不朝东。⑤

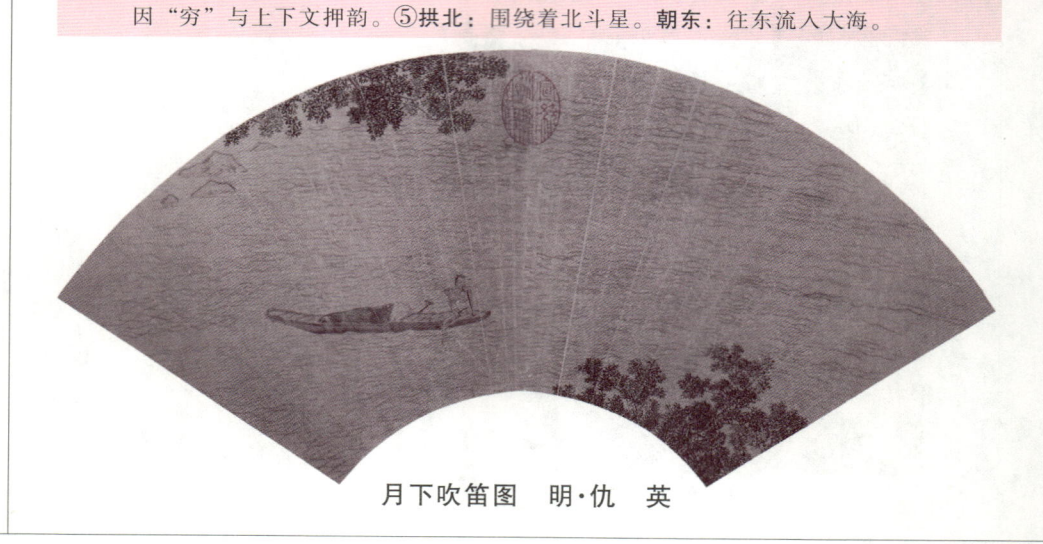

注释：①乍：突然。受用：享用。②打头风：逆风。③"笋因"二句：笋因为不断掉壳才成为竹子，鱼只有长途奔波才可变成龙。箨：从草木上脱落下来的皮或叶，此处指笋壳。④赌博：用斗牌、掷色子等形式，拿财物做注比输赢。有的版本作"贫穷"，因"穷"与上下文押韵。⑤拱北：围绕着北斗星。朝东：往东流入大海。

月下吹笛图　明·仇英

君子安贫，达人知命。①

良药苦口利于病，忠言逆耳利于行。

顺天者存，逆天者亡。②

人为财死，鸟为食亡。

夫妻相合好，琴瑟与笙簧。③

善必寿考，恶必早亡。④

爽口食多偏作病，快心事过恐生殃。⑤

注释：①"君子"二句：君子贫穷时也能安分守己，贤达之人知晓天命。②"顺天"二句：顺天意者就能生存下来，违背天意者必然灭亡。③"夫妻"二句：夫妻之间和和美美，就像琴瑟与笙簧一样音韵和谐。④寿考：长寿。⑤"爽口"二句：美味佳肴吃得太多反而要生病，高兴的事过后恐怕要出祸。

荷叶风香隔水涯 清·钱慧安

富贵定要依本分，贫穷不必枉思量。①
画水无风空作浪，绣花虽好不闻香。②
贪他一斗米，失却半年粮；
争他一脚豚，反失一肘羊。③
龙归晚洞云犹湿，麝过春山草木香。④
平生只会说人短，何不回头把己量？
见善如不及，见恶如探汤。⑤
人贫志短，马瘦毛长。

注释：①"富贵"二句：富贵的人一定要安分守己，贫穷的人不要有非分之想。②"画水"二句：画中之水波涛滚滚，但听不到风浪声；布上绣的花虽然好看，却闻不到花香。③"争他"二句：拿了别人的一个猪蹄，却失掉了一个羊肘子。比喻因小失大。④"龙归"二句：龙归洞时云彩还是湿的，麝走过的山地，草也带有香味。⑤"见善"二句：看见好人好事唯恐自己赶不上，看到坏人坏事如手碰到沸水一样。

《山水图册》之《柴门倚杖》 清·王 云

自家心里急，他人不知忙。

贫无达士将金赠，病有高人说药方。①

触来莫与竞，事过心清凉。②

秋至满山多秀色，春来无处不花香。

凡人不可貌相，海水不可斗量。

清清之水，为土所防；③

济济之士，为酒所伤。④

蒿草之下，或有兰香；

茅茨之屋，或有侯王。

注释：①达士：贤达之士。高人：学术、技能、地位高的人，此处指好心人。②"触来"二句：当别人触犯你的时候，不要与别人计较，事情过后心境自然会平静下来。③"清清"二句：再大的洪水也会被土挡住。④"济济"二句：多少豪杰志士也会被酒伤害。

古贤诗意图（局部）　明·杜堇

无限朱门生饿殍，几多白屋出公卿。①

醉后乾坤大，壶中日月长。②

万事皆已定，浮生空自忙。③

千里送毫毛，礼轻仁义重。

世事明如镜，前程暗似漆。④

架上碗儿轮流转，媳妇自有做婆时。

人生一世，如驹过隙。⑤

良田万顷，日食一升；

大厦千间，夜眠八尺。

注释：①朱门：指豪门贵族。生饿殍：出现饿死的人。白屋：指贫穷人家。②"醉后"二句：人醉后会感到天地广阔，酒壶中包含着天地日月。③浮生：虚浮无定的人生。④"世事"二句：世上的事情都很明了，但个人的前程很暗淡。⑤如驹过隙：指时间很快，一闪而过。

纺车图　宋·王居正

千经万典，孝弟为先。①

一字入公门，九牛拖不出。②

八字衙门向南开，有理无钱莫进来。

富从升合起，贫因不算来。③

家无读书子，官从何处来？

人间私语，天闻若雷；④

暗室亏心，神目如电。⑤

注释：①弟：通"悌"，敬爱哥哥。②"一字"二句：意指老百姓一旦吃官司进了官衙，再想出来就难了。③"富从"二句：富是由一点一滴积累起来的，贫穷都是因为不会精打细算造成的。合：容量单位，十勺为一合，十合为一升。④"人间"二句：背地里说的悄悄话，老天都听得一清二楚。⑤"暗室"二句：暗地里做的亏心事，神灵都看得明明白白。

琴书高隐图 明·仇 英

一毫之恶，劝人莫作；
一毫之善，与人方便。
欺人是祸，饶人是福。
天眼昭昭，报应甚速。①
圣贤言语，神钦鬼服。②
人各有心，心各有见。
口说不如身逢，耳闻不如眼见。

注释：①"天眼"二句：上天的眼睛是明亮的，人的行为都会很快得到报应。②**钦**：钦佩。**服**：服气。

蓬壶春晓图　清·王　云

养兵千日，用兵一时。

国清才子贵，家富小儿娇。①

利刀割体伤犹合，恶语伤人恨不消。

有才堪出众，无衣懒出门。②

公道世间唯白发，贵人头上不曾饶。③

为官须作相，及第必争先。④

苗从地发，树由枝分。

父子亲而家不退，兄弟和而家不分。⑤

注释：①"国清"二句：国家政治清明，有才学的读书人就会受到重视；家境富裕，小孩容易娇气。②堪出众：可以打扮得超凡脱俗。③"公道"二句：只有人们头上的白发才是世间最公道的东西，即使是贵族富人，它也一视同仁，绝不放过。④**为官：**做官。**及第：**科举应试中选。⑤**退：**衰退。

东园图卷（局部） 明·文徵明

官有公法，民有私约。①

闲时不烧香，急时抱佛脚。

幸生太平无事日，恐防年老不多时。

国乱思良将，家贫思贤妻。

池塘积水须防旱，田土深耕足养家。

根深不怕风摇动，树正何愁月影斜。

学在一人之下，用在万人之上。②

一字为师，终身如父。③

注释：①私约：指乡规民约。②"学在"二句：从一个人那里学到的东西，可以用在千千万万人身上。③"一字"二句：从老师那里学到点滴知识，就要终身像对待父亲那样尊敬老师。

《孔子圣迹图》之《学琴师襄》

忘恩负义,禽兽之徒。

劝君莫将油炒菜,留与儿孙夜读书。①

书中自有千钟粟,书中自有颜如玉。②

莫怨天来莫怨人,五行八字命生成。

莫怨自己穷,穷要穷得干净;

莫羡他人富,富要富得清高。

别人骑马我骑驴,仔细思量我不如,

等我回头看,还有挑脚汉。

注释:①莫将油炒菜:古时以植物油炒菜,省下油来可点灯读书。②千钟粟:指很多俸禄。

梧竹书堂图(局部) 明·仇英

路上有饥人，家中有剩饭，
积德与儿孙，要广行方便。①
作善鬼神钦，作恶遭天谴。②
积钱积谷，不如积德；
买田买地，不如买书。
一日春工十日粮，十日春工半年粮。③
疏懒人没吃，勤俭粮满仓。
人亲财不亲，财利要分清。④

注释：①与：给。②钦：敬重。谴：责备。③春工：春季不违农时之工。④"人亲"二句：即使是亲属之间，钱财利益也要分清楚。

《归去来辞》之《农人告余以春及》 明·马 轼

十分伶俐使七分，常留三分与儿孙；
若要十分都使尽，远在儿孙近在身。①
君子乐得做君子，小人枉自做小人。
好学者则庶民之子为公卿，
不好学者则公卿之子为庶民。②
惜钱休教子，护短莫从师。③
记得旧文章，便是新举子。④
人在家中坐，祸从天上来。
但求心无愧，不怕有后灾。

注释：①"十分"四句：十分的聪明用上七分即可，留三分给儿孙。如果十分聪明都用尽，那就会聪明反被聪明误，近的误了自己，远的会误了儿孙。②"好学"二句：好学的人即使是平民之子，也可以做大官；不好学的人即使是官宦子弟，日后也会破落，成为平民。③"惜钱"二句：舍不得钱财，就不要教育子女；庇护缺点，就不要从师学习。④"记得"二句：能弄懂并背得圣贤们的文章，就能考取为新的举人。

消夏图 元·刘贯道

只有和气去赢人，哪有相打得太平？
忠厚自有忠厚报，豪强一定受官刑。
人到公门正好修，留些阴德在后头。①
为人何必争高下，一旦无命万事休。
山高不算高，人心比天高；
白水变酒卖，还嫌猪无糟。②
贫寒休要怨，富贵不须骄。
善恶随人作，祸福自己招。
奉劝君子，各宜守己，
只此呈示，万无一失。③

注释：①"人到"二句：人进了官府正好修炼，为自己身后积些阴德。②"山高"四句：山再高也没有天高，但人心有时比天还高；把白水当酒卖给别人，还埋怨自家猪没有酒糟吃。③"奉劝"四句：奉劝天下的正人君子都要安分守己，遵纪守法。只要做到上面说的一切，就可以保证你万无一失，一帆风顺。

猗兰室图　明·文徵明

重订《增广》

(清)周希陶 编

序

　　古圣贤千言万语，无非教人为善耳。然与流俗人言，文言之不解，又俗言以晓之；直言之不受，又婉言以通之；且善言之不入，又法言以儆之，世之人安得有得意忘言者与之言哉！至若不屑之教，微已，抑又苦已。《增广》之集，非由是与。其次以韵者，非无谓也。盖声音之道，与性情通。故闻呦呦之韵，鹿且呼群；听嘤嘤之韵，鸟犹求友。况人为万物之灵，入于耳，必动于心，将和其声，以鸣国家之盛，未始非韵语引人入胜之一证也。若《三字经》《百家姓》《千字文》、三百篇《诗》，皆有韵，试讽咏之，何如？今周子希陶，本老学究。课读之余，集古今名言正论，将增广而参订之。有文言，有俗言，有直言，有婉言，有善恶言、勉戒言、在家出家言，复有仕宦治世言，隐逸出世言。士农工商，无一不备。理切身心，韵分次第，略备稽考，微加音解，诚善本也。释子云峰，玉成其美，捐资付梓。是二子，殆深虑乎世道人心而为之者。可与流俗言，又不仅与流俗言。

郡人健斋何荣爵管见

自　叙

　　昔舜好问，而好察迩言，盖言以明道，未可以其近而忽之也。夫以大舜之智，犹以察焉，况其下者乎。若《增广》一书，行世已久，不知集自何人。节录杂记，雅俗兼收，虽无统纪，而言浅意深，确中人情。虽迩言，而持己接物之道存焉。但其间多有语病，如"欺老莫欺少""红粉佳人休便老，风流浪子莫教贫"之类，余窃弃之，补以经传格言之简易者，次以平上去入四韵，略加音注释典，以便俗学。夫人莫不欲保身家也，保身家惟读书为最，而读书又以体行为贵。资质钝者，既不能究四子、六经之奥，若于"小学"外兼读此书，体而行之，纵不能升堂入室，亦不失为克家之令子，里党之正人。而风俗益臻于淳美，非特一身一家已也。苟不量子弟之智愚贤否，而徒浮慕经典，岂数载占毕，遂能窥其美富哉！一旦半途而废，未有不尽弃其前功者。种五谷不熟，不如荑稗之为愈也。是可为苗而不秀、秀而不实者告。

　　　　　　　　　　　同治八年己巳冬南至日，希陶山人识于晚香书屋

观涛图 清·袁江

昔时贤文，诲汝谆谆，

集韵增广，多见多闻。

观今宜鉴古，无古不成今。

贤乃国之宝，儒为席上珍。

农工与商贾，皆宜敦五伦。

孝弟为先务，本立而道生。

尊师以重道，爱众而亲仁。

钱财如粪土，仁义值千金。

曲水流觞图（局部） 元·俞 和

作事须循天理,出言要顺人心。

心术不可得罪于天地,

言行要留好样与儿孙。

处富贵地,要矜怜贫贱的痛痒;

当少壮时,须体念衰老的酸辛。

孝当竭力,非徒养身。

鸦有反哺之孝,羊知跪乳之恩。

岂无远道思亲泪,不及高堂念子心。

曲水流觞图(局部)　元·俞　和

爱日以承欢,莫待丁兰刻木祀;

椎牛而祭墓,不如鸡豚逮亲存。

兄弟相害,不如友生;

外御其侮,莫如弟兄。

有酒有肉多兄弟,急难何曾见一人!

一回相见一回老,能得几时为弟兄。

父子和而家不败,兄弟和而家不分。

乡党和而争讼息,夫妇和而家道兴。

曲水流觞图(局部)　元·俞　和

祇缘花底莺声巧,遂使天边雁影分。

诸恶莫作,众善奉行。

知己知彼,将心比心。

责人之心责己,爱己之心爱人。

再三须慎意,第一莫欺心。

宁可人负我,切莫我负人。

贪爱沉溺即苦海,利欲炽然是火坑。

随时莫起趋时念,脱俗休存矫俗心。

曲水流觞图(局部)　元·俞　和

横逆困穷，直从起处讨由来，由怨尤自息；

功名富贵，还向灭时观究竟，则贪恋自轻。

昼坐惜阴，夜坐惜灯。

读书须用意，一字值千金。

酒逢知己饮，诗向会人吟。

相识满天下，知心能几人？

曲水流觞图（局部）　元·俞　和

相逢好似初相识，到老终无怨恨心。

平生不作皱眉事，世上应无切齿人。

栖迟蓬户，耳目虽拘而神情自旷；

结纳山翁，仪文虽略而意念常真。

萤仅自照，雁不孤行。

苗从蒂发，藕由莲生。

近水知鱼性，近山识鸟音。

路遥知马力，事久见人心。

曲水流觞图（局部）　元·俞　和

运去金成铁,时来铁似金。

马行无力皆因瘦,人不风流只为贫。

近水楼台先得月,向阳花木早逢春。

饶人不是痴汉,痴汉不会饶人。

不说自己桶索短,但怨人家箍井深。

美不美,乡中水;亲不亲,故乡人。

割不断的亲,离不开的邻。

相见易得好,久住难为人。

曲水流觞图(局部)　元·俞　和

客来主不顾，应恐是痴人。

在家不会迎宾客，出路方知少主人。

群居守口，独坐防心。

志从肥甘丧，心以淡泊明。

有钱堪出众，遭难莫寻亲。

远水难救近火，远亲不如近邻。

两人一般心，有钱堪买金；

一人一般心，无钱堪买针。

曲水流觞图（局部）　元·俞　和

力微休负重,言轻莫劝人。
听话如尝汤,交财始见心。
易涨易退山溪水,易反易覆小人心。
画虎画皮难画骨,知人知面不知心。
谁人背后无人说,哪个人前不说人?
但行好事,莫问前程。
钝鸟先飞,大器晚成。
千里不欺孤,独木不成林。
贫居闹市无人问,富在深山有远亲。

溪桥策杖图　明·文伯仁

人情似纸张张薄,世事如棋局局新。

世人结交须黄金,黄金不多交不深。

纵令然诺暂相许,终是悠悠行路心。

当局者昧,旁观者明。

河狭水急,人急计生。

饱暖思淫欲,饥寒起盗心。

飞蛾扑灯甘就镬,春蚕作茧自缠身。

江中后浪催前浪,世上新人赶旧人。

人生一世,草生一春。

《北京八景图》之《金台夕照》　明·王绂

来如风雨,去似微尘。
闹里有钱,静处安身。
明知山有虎,莫向虎山行。
莺花犹怕风光老,岂可教人枉度春?
相逢不饮空归去,洞口桃花也笑人。
昨日花开今日谢,百年人有万年心。
北邙荒冢无贫富,玉垒浮云变古今。
倖名无德非佳兆,乱世多财是祸根。
世事茫茫难自料,清风明月冷看人。

《北京八景图》之《太液晴波》 明·王绂

劝君莫作守财虏，死去何曾带一文！

血肉身躯且归泡影，何论影外之影；

山河大地尚属微尘，而况尘中之尘。

速效莫求，小利莫争。

名高妒起，宠极谤生。

众怒难犯，专欲难成。

物极必反，器满则倾。

欲知三叉路，须问去来人。

三十年前人寻病，三十年后病寻人。

《北京八景图》之《琼岛春云》　明·王　绂

大富由命，小富由勤。

自恨枝无叶，莫谓日无阴。

一年之计在于春，一日之计在于寅，

一家之计在于和，一生之计在于勤。

择婿观头角，娶女访幽贞。

大抵取他根骨好，富贵贫贱非所论。

无限朱门生饿殍，几多白屋出公卿。

凌云甲第更新主，胜概名园非旧人。

众口难辩，孤掌难鸣。

《北京八景图》之《玉泉垂虹》 明·王绂

当场不战,过后兴兵。

一肥遮百丑,四两拨千斤。

无病休嫌瘦,身安莫怨贫。

岂能尽如人意,但求不愧我心。

雨露不滋无本草,混财不富命穷人。

慢藏诲盗,冶容诲淫。

偏听则暗,兼听则明。

耳闻是虚,眼见是实。

一犬吠影,百犬吠声。

《北京八景图》之《居庸叠翠》 明·王绂

莫信直中直，须防仁不仁。

虎身犹可近，人毒不堪亲。

来说是非者，便是是非人。

世路由他险，居心任我平。

惺惺常不足，蒙蒙作公卿。

遍身绮罗者，不是养蚕人。

毋私小惠而伤大体，毋借公论而快私情。

毋以己长而形人之短，

毋因己拙而忌人之能。

《北京八景图》之《蓟门烟树》　明·王绂

增广贤文·弟子规

勿恃势力而凌逼孤寡，

勿贪口腹而恣杀牲禽。

倚势凌人，势败人凌我；

穷巷追狗，巷穷狗咬人。

见色而起淫心，报在妻女；

匿怨而用暗箭，祸延子孙。

先到为君，后到为臣。

莫道君行早，更有早行人。

灭却心头火，剔起佛前灯。

《北京八景图》之《卢沟晓月》　明·王绂

平日不作亏心事，半夜敲门心不惊。

牡丹花好空入目，枣花虽小结实成。

众星朗朗，不如孤月独明。

照塔层层，不如暗处一灯。

鼓打千椎，不如雷轰一声。

良田百亩，不如薄技随身。

富厚福泽，不过厚吾之生；

贫贱忧戚，乃是玉汝于成。

命薄福浅，树大根深。

《北京八景图》之《西山霁雪》　明·王绂

非上上智，无了了心。
护疾忌医，掩耳盗铃。
烈士让千乘，贪夫争一文。
气是无明火，忍是敌灾星。
但存方寸地，留与子孙耕。
万事劝人休瞒昧，举头三尺有神明。

薇省黄昏图　南宋·赵大亨

为恶畏人知，恶中犹有善路；
为善急人知，善处即是恶根。
贫贱骄人，虽涉虚矫，还有几分侠气；
奸雄欺世，纵似挥霍，全没半点真心。
扫地红尘飞，才著工夫便起障；
开窗日月进，能通灵窍自生明。
发念处即遏三大欲，到头时方全一点真。
守分安命，趋吉避凶。

鹊华秋色图　元·赵孟頫

识真方知假，无奸不显忠。
人无千日好，花无百日红。
人老心不老，人穷志不穷。
座上客常满，杯中酒不空。
礼义兴于富足，盗贼出于贫穷。
乍富不知新受用，乍贫难改旧家风。
天上有星皆拱北，世间无水不朝东。

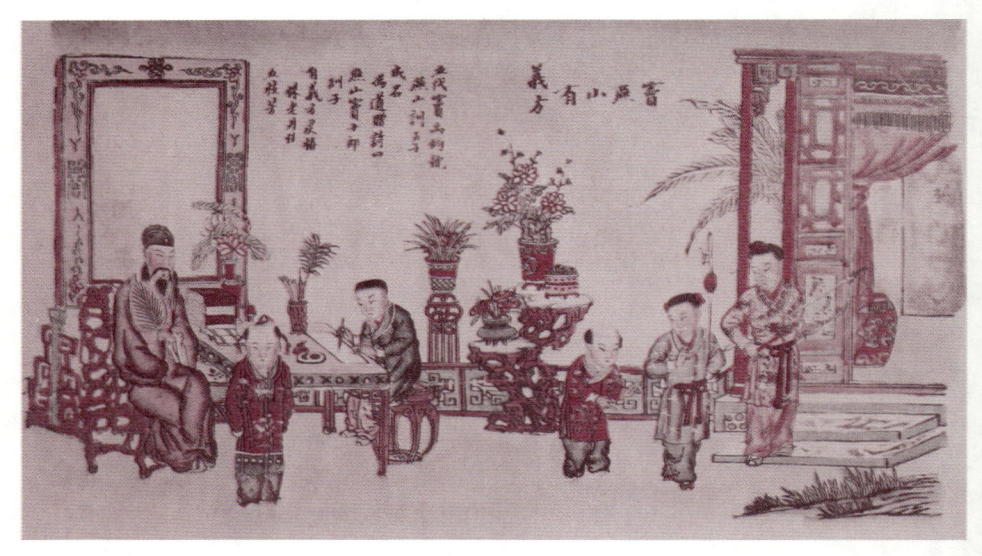

窦燕山有义方·杨柳青木版年画

白发不随人老去，转眼又是白头翁。
屋漏更遭连夜雨，船慢又被打头风。
笋因落箨方成竹，鱼为奔波始化龙。
汝惟不矜，天下莫与汝争能；
汝惟不伐，天下莫与汝争功。
明不伤察，直不过矫。
仁能善断，清能有容。
不尽人之欢，不竭人之忠。

携琴访友·杨柳青木版年画

不自是而露才，不轻试以幸功。受享不逾分外，修持不减分中。待人无半毫诈伪欺隐，处事只一味镇定从容。肝肠煦若春风，虽囊乏一文，还怜茕独；气骨清如秋水，纵家徒四壁，终傲王公。

竹西草堂图　元·张　渥

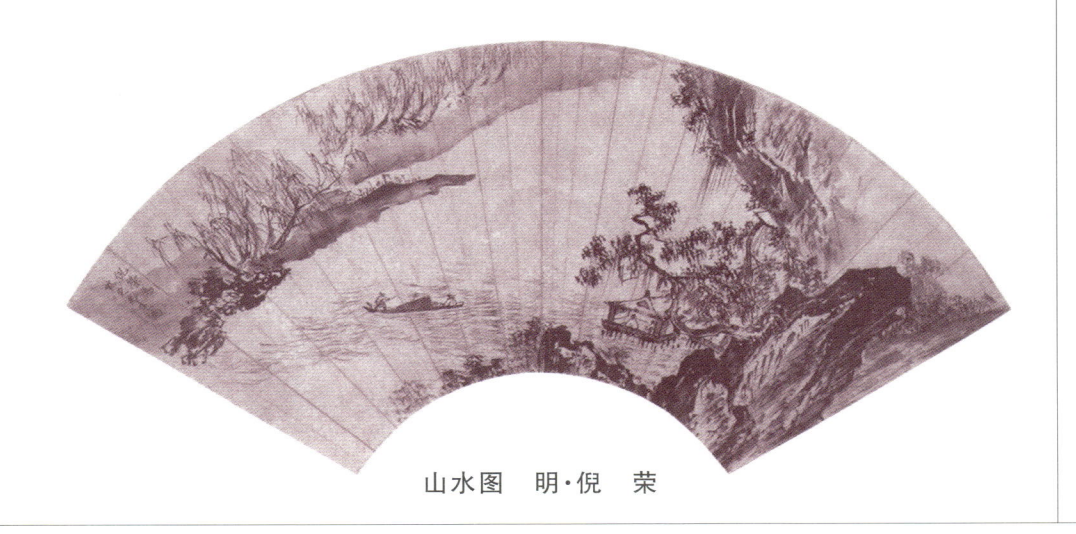

急行缓行，前程只有许多路；
逆取顺取，到头总是一场空。
生不认魂，死不认尸。
好言难得，恶语易施。
美玉可沽，善贾且待。
瓦甑既堕，反顾何为？
英雄行险道，富贵似花枝。
人情莫道春光好，只怕秋来有冷时。

山水图　明·倪　荣

父母恩深终有别,夫妻义重也分离。
人生似鸟同林宿,大限来时各自飞。
早把甘旨勤奉养,夕阳光景不多时。
人善被人欺,马善被人骑。
人恶人怕天不怕,人善人欺天不欺。
善恶到头终有报,只争来早与来迟。
龙游浅水遭虾戏,虎落平阳被犬欺。
但将冷眼观螃蟹,看你横行到几时。
黄河尚有澄清日,岂有人无得运时?

长江万里图(局部)　南宋·赵黻

十年窗下无人识,一举成名天下知。

燕雀哪知鸿鹄志,虎狼岂被犬羊欺。

事业文章,随身消毁,而精神万古不灭;

功名富贵,逐世转移,而气节千载如斯。

得宠思辱,居安思危。

国乱思良相,家贫思良妻。

荣宠旁边辱等待,贫贱背后福跟随。

成名每在穷苦日,败事多因得意时。

声妓晚景从良,半世之烟花无碍;

溪山雪意图　南宋·无　款

贞妇白头失守，一生之清苦俱非。

闲事休管，无事早归。

假饶染就真红色，也被旁人说是非。

常将酒钥开眉锁，莫把心机织鬓丝。

为人莫作千年计，三十河东四十西。

秋虫春鸟，共畅天机，何必浪生悲喜；

老树新花，同含生意，胡为妄别妍媸。

许人一物，千金不移。

一言既出，驷马难追。

《归去来辞》之《云无心以出岫》　明·李 在

鄙啬之极，必生奢男；
厚德之至，定产佳儿。
日勤三省，夜惕四知。
博学而笃志，切问而近思。
少年不努力，老大徒伤悲。
惜钱休教子，护短莫从师。
须知孺子可教，勿谓童子何知。
一举首登龙虎榜，十年身到凤凰池。

松溪钓艇图 元·朱德润

进德修业，要个木石的念头，若稍涉矜夸，便趋欲境；

济世经邦，要段云水的趣味，若一有念恋，便堕危机。

官清书吏瘦，神灵庙祝肥。

若要人不知，除非己莫为。

静坐常思己过，闲谈莫论人非。

友如作画须求淡，邻有淳风不攘鸡。

林榭煎茶图（局部） 明·文徵明

小窗莫听黄鹂语,踏破荆花满院飞。
平生最爱鱼无舌,游遍江湖少是非。
无事常如有事时提防,才可以弥意外之变;
有事常如无事时镇定,才可以消局中之危。
三人同行,必有我师,
择其善者而从,其不善者改之。
养心莫善于寡欲,无恒不可作巫医。

铁笛图(局部)　明·吴　伟

狎昵恶少，久必受其累；

屈志老成，急则可相依。

心口如一，童叟无欺。

人有善念，天必佑之。

过则无惮改，独则毋自欺。

道吾好者是吾贼，道吾恶者是吾师。

入观庭户知勤惰，一出茶汤便见妻。

父老奔驰无孝子，要知贤母看儿衣。

密树茅堂图　明·周　臣

入门休问荣枯事，观看容颜便得知。

养儿代老，积谷防饥。

常将有日思无日，莫待无时想有时。

守己不贪终是稳，利人所有定遭亏。

美酒饮当微醉候，好花看到半开时。

当路莫栽荆棘树，他年免挂子孙衣。

望于天，必思己所为；

望于人，必思己所施。

秋林闲话图　明·周　臣

贪了牲禽的滋益，必招性分的损；

占了人事的便宜，必受天道的亏。

出家如初，成佛有余。

三心一净，四相俱无。

著意于无，即是有根未斩；

留心于静，便为动芽未锄。

鹬蚌相持，渔人得利。

城门失火，殃及池鱼。

孟母择邻·杨柳青木版年画

人而无信,百事皆虚。
言称圣贤,心类穿窬。
学不尚实行,马牛而襟裾。
欲求生富贵,须下苦工夫。
既耕亦已种,时还读我书。
结交须胜己,似我不如无。
同君一夜话,胜读十年书。
求人须求大丈夫,济人须济急时无。

明皇游月宫图　明·周　臣

渴时一滴如甘露,醉后添杯不如无。

作事惟求心可以,待人先看我何如。

害人之心不可有,防人之心不可无。

酒中不语真君子,财上分明大丈夫。

白酒酿成缘好客,黄金散尽为收书。

竹篱茅舍风光好,道院僧房总不如。

炮凤烹龙,放箸时与盐齑无异;

悬金佩玉,成灰处与瓦砾何殊?

仕女图(局部)　明·杜 堇

先达笑弹冠,休向侯门轻束带;
相知犹按剑,莫从世路暗投珠。
厚时说尽知心,恐妨薄后发泄。
少年不节嗜欲,每致中道而殂。
水至清,则无鱼;人至察,则无徒。
痴人畏妇,贤女敬夫。
妻财之念重,兄弟之情疏。
宁可正而不足,不可斜而有余。

姑苏繁华图(局部)　清·徐　扬

增广贤文·弟子规

认真还自在，作假费工夫。
是非朝朝有，不听自然无。
久住令人贱，频来亲也疏。
但看三五日，相见不如初。
人情似水分高下，世事如云任卷舒。
百年成之不足，一旦坏之有余。
训子须从胎教始，端蒙必自小学初。
养子不教如养驴，养女不教如养猪。

姑苏繁华图（局部） 清·徐 扬

有田不耕仓廪虚,有书不读子孙愚。

仓廪虚兮岁月乏,子孙愚兮礼义疏。

茫茫四海人无数,哪个男儿是丈夫!

要好儿孙须积德,欲高门第快读书。

救人一命,胜造七级浮屠。

积金千两,不如一解经书。

静中观物动,闲处看人忙,

才得超尘脱俗的趣味;

姑苏繁华图(局部) 清·徐 扬

忙处会偷闲，闲中能取静，
便是安身立命的工夫。
子教婴孩，妇教初来。
内要伶俐，外要痴呆。
聪明逞尽，惹祸招灾。
能让终有益，忍气免伤财。
富从升合起，贫因不算来。
暗中休使箭，乖里放些呆。

姑苏繁华图（局部）　清·徐　扬

衙门八字开，有理无钱莫进来。
天灾不时有，谁家挂得免字牌。
用人不宜刻，刻则思效者去；
交友不宜滥，滥则贡谀者来。
财是怨府，贪为祸胎。
乐不可极，乐极生哀；
欲不可纵，纵欲成灾。
百年容易过，青春不再来。

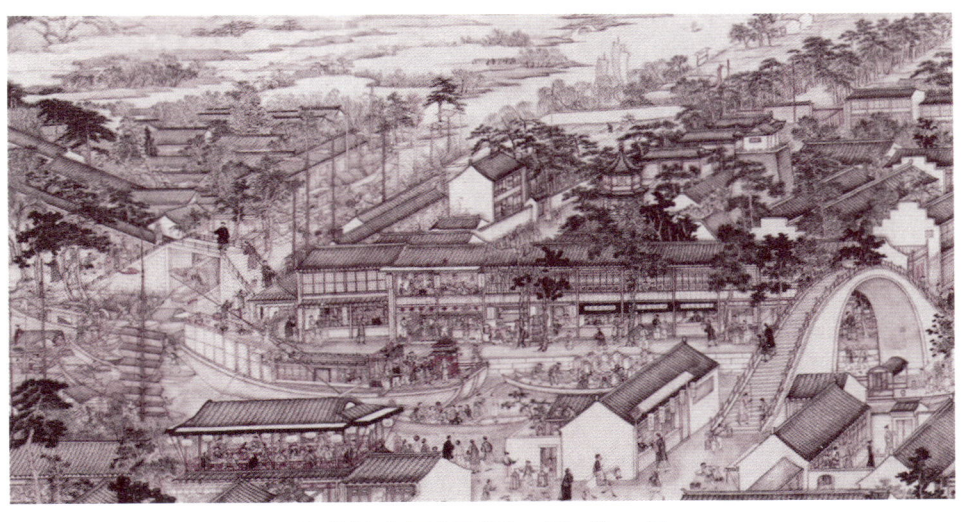

姑苏繁华图(局部) 清·徐 扬

欲寡精神爽，思多血气衰。
一头白发催将去，万两黄金买不回。
略尝辛苦方为福，不作聪明便是才。
终身疾病，恒从新婚造起；
盖世勋猷，多是老成建来。
见者易，学者难。
莫将容易得，便作等闲看。
万恶淫为首，百善孝为先。

姑苏繁华图（局部） 清·徐 扬

妻贤夫祸少，子孝父心宽。
事亲须当养志，爱子勿令偷安。
不求金玉重重贵，但愿儿孙个个贤。
却愁前面无多路，及早承欢向膝前。
祭尔丰不如养之厚，悔之晚何若谨于前。
花逞春光，一番雨一番风，催归尘土；
竹坚雅操，几朝霜几朝雪，傲就琅玕。
言顾行，行顾言。

姑苏繁华图（局部） 清·徐 扬

增广贤文·弟子规

为事在人，成事在天。

伤人一语，痛如刀割。

杀人一万，自损三千。

击石原有火，逢仇莫结冤。

有容德乃大，无欲心自闲。

瓜田不纳履，李下不整冠。

误处皆缘不学，强作乃成自然。

将相顶头堪走马，公侯肚内好撑船。

姑苏繁华图（局部）　清·徐　扬

贫不卖书留子读,老犹栽竹与人看。
不作风波于世上,但留清白在人间。
勿因群疑而阻独见,勿任己意而废人言。
路逢险处,为人辟一步周行,
便觉天宽地阔;
遇到穷时,使我留三分抚恤,
自然理顺情安。

姑苏繁华图(局部) 清·徐 扬

事有急之不白者,宽之或自明,
勿操急以速其忿;
人有切之不从者,纵之或自化,
勿操切以益其顽。
道路各别,养家一般。
逸态闲情,惟期自尚;
清标傲骨,不愿人怜。
他急我不急,人闲心不闲。

姑苏繁华图(局部)　清·徐　扬

重订增广

富人思来年，贫人顾眼前。
忙中多错事，醉后吐真言。
上山擒虎易，开口告人难。
不是撑船手，休要提篙竿。
好言一句三冬暖，话不投机六月寒。
知音说与知音听，不是知音莫与弹。
谗言败坏真君子，美色消磨狂少年。
用心计较般般错，退步思量事事难。

姑苏繁华图（局部） 清·徐 扬

但有绿杨堪系马，处处有路到长安。
人欲从初起处剪除，如斩新刍，
工夫极易，若乐其便，
而姑为染指，则深入万仞；
天理自乍见时充拓，如磨尘镜，
光彩渐增，若惮其难，
而稍为退步，便远隔千山。

姑苏繁华图（局部） 清·徐 扬

风息时,休起浪;岸到处,便离船。

隐恶扬善,谨行慎言。

自处超然,处人蔼然。

得意欿然,失意泰然。

老当益壮,穷且益坚。

榜上名扬,蓬门增色;

床头金尽,壮士无颜。

姑苏繁华图(局部) 清·徐 扬

由俭入奢易，由奢入俭难。

少成若天性，习惯成自然。

自奉必须俭约，宴客切勿留连。

枯木逢春犹再发，人无两度再少年。

少而寡欲颜常好，老不求官梦亦闲。

书有未曾经我读，事无不可对人言。

兄弟叔侄，须分多润寡；

长幼内外，宜法肃词严。

姑苏繁华图（局部） 清·徐 扬

一饭一粥,当思来处不易;
半丝半缕,恒念物力维艰。
人学始知道,不学亦徒然。
愚而好自用,贱而好自专。
有书真富贵,无事小神仙。
出岫孤云,去来一无所系;
悬空朗镜,妍丑两不相干。
劝君作福便无钱,祸到临头使万千。

姑苏繁华图(局部)　清·徐　扬

善恶关头休错认,一失人身万劫难。
积德若为山,九仞头休亏一篑;
容人须学海,十分满尚纳百川。
为善最乐,为恶难逃。
养兵千日,用在一朝。
国清才子贵,家富小儿娇。
士为知己用,节不岁寒凋。
不因渔父引,怎得见波涛?

姑苏繁华图(局部) 清·徐 扬

但知口中有剑，不知袖里藏刀。

春蚕到死丝方尽，恶语伤人恨难消。

入山不怕伤人虎，只怕人情两面刀。

世间公道惟白发，贵人头上不曾饶。

无求到处人情好，不饮随他酒价高。

书画是雅事，一贪痴便成商贾；

山林是胜地，一营恋便成市朝。

姑苏繁华图（局部） 清·徐 扬

情欲意识属妄心,消杀得妄心尽,而后真心现;

矜高倨傲是客气,降伏得客气平,而后正气调。

因风吹火,用力不多。

光阴似箭,日月如梭。

吉人之辞寡,躁人之辞多。

黄金未为贵,安乐值钱多。

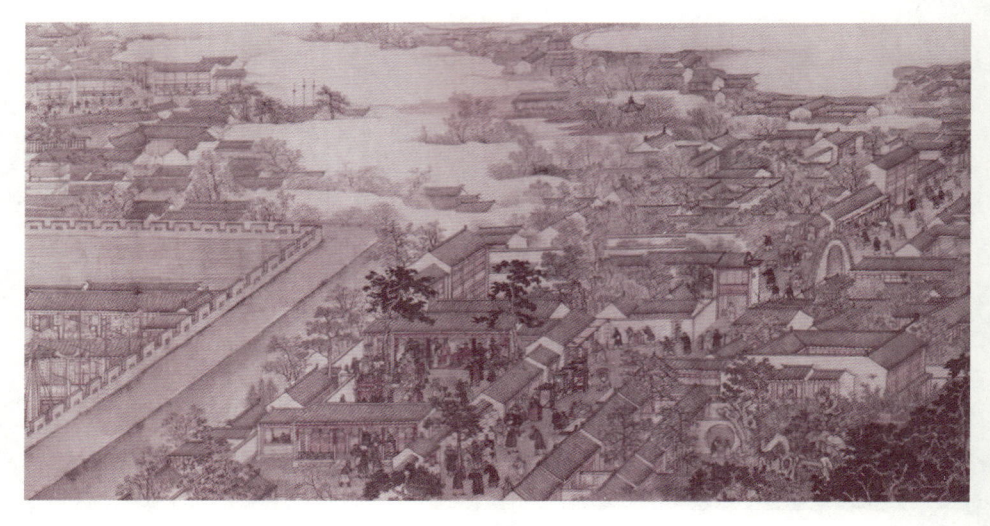

姑苏繁华图(局部)　清·徐　扬

儿孙胜于我，要钱做甚么？
儿孙不如我，要钱做甚么？
会使不在家豪富，风雅不用著衣多。
强中更有强中手，恶人自有恶人磨。
知事少时烦恼少，识人多处是非多。
世间好语书说尽，天下名山寺占多。
积德百年元气厚，读书三代雅人多。

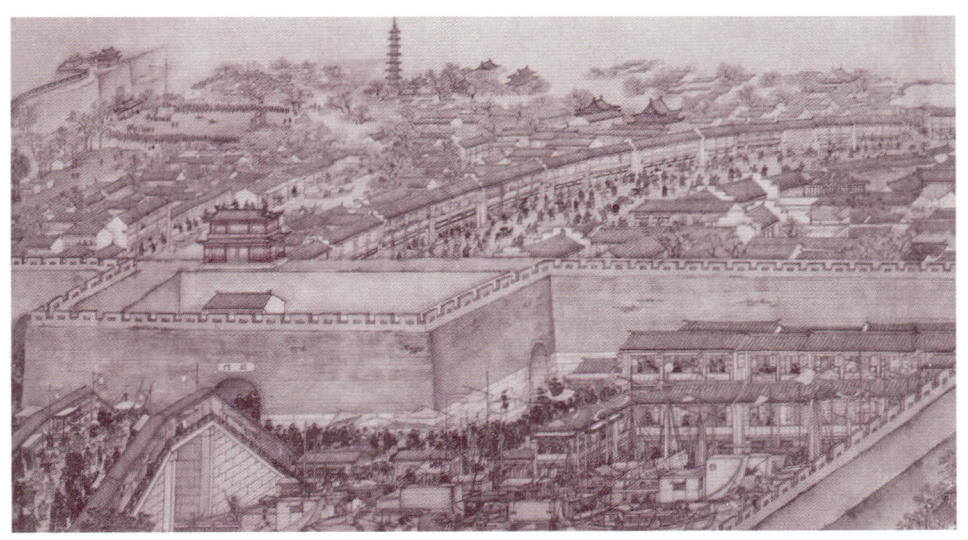

姑苏繁华图（局部） 清·徐 扬

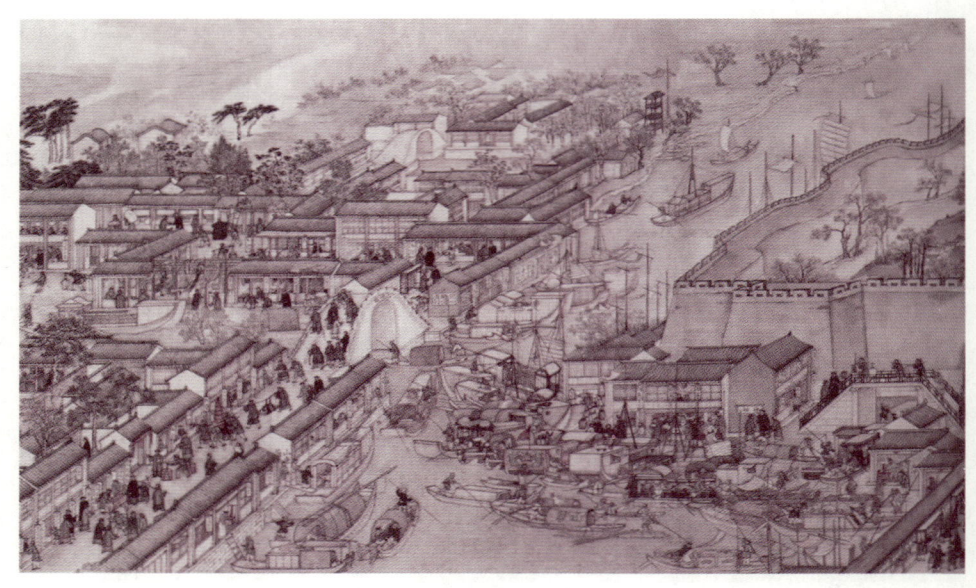

上为父母，中为己身，下为儿女，
做得清方了却平生事；
立上等品，为中等事，享下等福，
守得定才是个安乐窝。
一念常惺，才避得去神弓鬼矢；
纤尘不染，方解得开地网天罗。

姑苏繁华图（局部） 清·徐 扬

富贵是无情之物,你看得他重,他害你越大;

贫贱是耐久之交,你处得他好,他益你必多。

谦恭待人,忠孝传家。

不学无术,读书便佳。

男以女为室,女以男为家。

姑苏繁华图(局部) 清·徐 扬

根深不怕风摇动，表正何愁日影斜。
能休尘境为真境，未了僧家是俗家。
成家犹如针挑土，败家好似水推沙。
池塘积水堪防旱，田地深耕足养家。
讲学不尚躬行，为口头禅；
立业不思种德，如眼前花。
一段不为的气节，是撑天立地之柱石；

姑苏繁华图（局部）　清·徐　扬

一点不忍的念头,是生民育物之根芽。

早起三光,迟起三慌。

顺天者存,逆天者亡。

世路风波,炼心之境;

人情冷暖,忍性之场。

爽口食多终作疾,快心事过必生殃。

汤武以谔谔而昌,桀纣以唯唯而亡。

量窄气大,发短心长。

姑苏繁华图(局部)　清·徐 扬

善必寿考,恶必早亡。

与治同道罔不兴,与乱同事罔不亡。

富贵定要依本分,贫穷不必枉思量。

福不可邀,养喜神以为招福之本;

祸不可避,去杀机以为远祸之方。

贪他一斗米,失却半年粮;

争他一脚豚,反失一肘羊。

姑苏繁华图(局部) 清·徐 扬

不贪为宝，两不相伤。

画水无风偏作浪，绣花虽好不闻香。

贫无达士将金赠，病有高人说药方。

三生有幸，一饭不忘。

见善如不及，见恶如探汤。

隐逸林中无荣辱，道义路上泯炎凉。

秋至满山皆秀色，春来无处不花香。

《孔子圣迹图》之《知鲁庙灾》

增广贤文·弟子规

è jì yīn shàn jì yáng
恶忌阴,善忌阳。
qióng zào mén fù shuǐ gāng
穷灶门,富水缸。
jiā zéi nán fáng tōu duàn wū liáng
家贼难防,偷断屋粮。
zuò chī rú shān bēng yóu xī zé yè huāng
坐吃如山崩,游嬉则业荒。
jū shēn wù qī zhì pǔ xùn zǐ yào yǒu yì fāng
居身务期质朴,训子要有义方。

《孔子圣迹图》之《子贡庐墓图》　明·仇　英

富若不教子，钱穀必消亡；
贵若不教子，衣冠受不长。
能师孟母三迁教，定卜燕山五桂芳。
国有贤臣安社稷，家有逆子恼爹娘。
说话人短，记话人长。
平生只会说人短，何不回头把己量？
言易招尤，对亲友少说两句；
书能化俗，教儿孙多读几行。

《孔子圣迹图》之《忠信济水》

施惠勿念,受恩莫忘。

刻薄成家,理无久享;

伦常乖舛,立见消亡。

触来莫与说,事过心清凉。

君子不可貌相,海水不可斗量。

蓬蒿之下,或有兰香;

茅茨之屋,或有公王。

一家饱暖千家怨,万世机谋二世亡。

狐眠败砌,兔走荒台,尽是当年歌舞地;

露冷黄花,烟迷绿草,悉为旧日争战场。

拨开世上尘氛，胸中自无火炎水竞；
消去心中鄙吝，眼前时有鸟语花香。

贫穷自在，富贵多忧。

既往不咎，覆水难收。

人无远虑，必有近忧。

勿临渴而掘井，宜未雨而绸缪。

宁向直中取，不可曲中求。

驭横切莫逞气，止谤还要自修。

忍得一时之气，免得百日之忧。

是非只为多开口，烦恼皆因强出头。

酒虽养性还乱性，水能载舟亦覆舟。

克己者，触事皆成药石；
尤人者，启口即是戈矛。

以直报怨，以义解仇。

庄敬日强，安肆日偷，

惧法朝朝乐，欺公日日忧。

晴干不肯去，只待雨淋头。

儿孙自有儿孙福，莫与儿孙作马牛。

人生七十古来稀，问君还有几春秋？

当出力处须出力，得缩头时且缩头。

生年不满百，常怀千岁忧。

逢桥须下马，有路莫登舟。

路逢险处须当避，事到头来不自由。

吴宫花草埋幽径，晋代衣冠成古丘。

功名富贵若长在，汉水亦应西北流。

青冢草深,万念尽同灰冷;
黄粱梦觉,一身都是云浮。
人平不语,水平不流。
便宜莫买,浪荡莫收。
不以我为德,反以我为仇。
有花方酌酒,无月不登楼。
人有三句硬话,树有三尺绵头。
一家养女百家求,一马不行百马忧。
深山毕竟藏猛虎,大海终须纳细流。
到此如穷千里目,谁知才上一层楼。
欲知世事须尝胆,会尽人情暗点头。
受恩深处宜先退,得意浓时便可休。
莫待是非来入耳,从前恩爱反为仇。

贫家光扫地，贫女净梳头。

景色虽不丽，气度自优游。

器具质而洁，瓦缶胜金玉；

饮食约而精，园蔬愈珍馐。

无益世言休著口，不干己事少当头。

留得五湖明月在，不愁无处下金钩。

休向君子谄媚，君子原无私惠；

休与小人为仇，小人自有对头。

名利是缰锁，牵缠时，逆则生憎，顺则生爱；

富贵如浮云，觑破了，得亦不喜，失亦不忧。

若登高，必自卑；若涉远，必自迩。

磨刀恨不利，刀利伤人指；
求财恨不多，财多终累己。
有福伤财，无福伤己。
病加于小愈，孝衰于妻子。
居视其所亲，达视其所举。
富视其所不为，贫视其所不取。
知足常足，终身不辱；
知止常止，终身不耻。
君子爱财，取之有道；
小人放利，不顾天理。
悖入亦悖出，害人终害己。
人非善不交，物非义不取。
身欲出樊笼外，心要在腔子里。

勿偏信而为奸所欺，勿自任而为气所使。

差之毫厘，谬以千里。

使口不如自走，求人不如求己。

为富兼为仁，愿生莫愿死。

人见白头嗔，我见白头喜。

多少少年亡，不到白头死。

贼是小人，智过君子。

君子固穷，小人穷斯滥矣。

壁有缝，墙有耳。

好事不出门，恶事传千里。

之子不称服，奉身好华侈。

虽得市童怜，还为识者鄙。

天下无不是底父母,世间最难得者兄弟。

青出于蓝而胜于蓝,冰生于水而寒于水。

不痴不聋,不作阿姑阿翁;

得亲顺亲,方可为人为子。

处骨肉之变,宜从容不宜激烈;

当家庭之衰,宜惕厉不宜委靡。

是日一过,命亦随减。

务下学而上达,毋舍近而趋远。

量入为出,凑少成多。

溪壑易填,人心难满。

用人与教人,二者却相反:

用人取其长,教人责其短。

打人莫伤脸,骂人莫揭短。

仕宦芳规清慎勤,饮食要诀缓暖软。
水暖水寒鱼自知,花开花谢春不管。
蜗牛角上校雌雄,石火光中争长短。
留心学到古人难,立脚怕随流俗转。
凡是自是,便少一是;
有短护短,更添一短。
洒扫庭除,要内外整洁;
关锁门户,必亲自检点。
天下无难处之事,只消两个如之何;
天下无难处之人,只要三个必自反。
凡事要好,须问三老。
好问则裕,自用则小。
勿营华屋,勿作淫巧。

若争小可,便失大道。

但能依本分,终须无烦恼。

有言逆于汝心,必求诸道;

有言逊于汝志,必求诸非道。

吃得亏,坐一堆。

要得好,大做小。

志宜高而心宜下,胆欲大而心欲小。

学者如禾如稻,不学者如蒿如草。

唇亡齿必寒,教弛富难保。

书中结良友,千载奇逢;

门内产贤郎,一家活宝。

一场闲富贵,很很挣来,虽得还是失;

百年好光阴,忙忙过去,纵寿亦为夭。

事事有功,须防一事不终;
人人道好,须防一人著恼。
宁添一斗,莫添一口。
但求放心,休夸利口。
要学好人,须寻好友。
引酵若酸,哪得好酒?
宁遭父母手,莫遭父母口。
狗不嫌家贫,儿不嫌母丑。
勿贪意外之财,勿饮过量之酒。
进步便思退步,着手先图放手。
不嫌刻鹄类鹜,只怕画虎成狗。
责善勿过高,当思其可从;
攻恶勿太严,要使其可受。

享现在之福如点灯，随点则随灭；
培将来之福如添油，愈添则愈久。
恩里由来生害，得意时须早回头；
败后或反成功，拂心处莫便放手。
多交费财，少交省用。
千里送毫毛，礼轻仁义重。
骨肉相残，煮豆然萁；
兄弟相爱，灼艾分痛。
以身教者从，以言教者讼。
厚积不如薄取，滥求不如减用。
一字入公门，九牛拖不出。
理字不多大，千人抬不动。

两人自是，不反目稽唇不止，
只温语称他人一句好，便有无限欢欣；
两人相非，不破家亡身不止，
只回头认自己一句错，便有无边受用。
和气致祥，乖气致戾。
玩人丧德，玩物丧志。
福至心灵，祸至心晦。
受宠若惊，闻过则喜。
创业固难，守成不易。
门内有君子，门外君子至；
门内有小人，门外小人至。
东海曾闻无定波，北邙未肯留闲地。

趋炎虽暖，暖后更觉寒增；
食蔗能甘，甘余便生苦趣。
争名利，要审自己分量，
休眼热别个，辄生嫉妒之心；
撑门户，要算自己来路，
莫步趋他人，妄起挪扯之计。
家庭和睦，疏食尽有余欢；
骨肉乖违，珍馐亦减至味。
观过知仁，投鼠忌器。
爱而知其恶，憎而知其善。
贫而无怨难，富而无骄易。
晴空看鸟飞，流水观鱼跃，
识宇宙活泼之机；

霜天闻鹤唳,雪夜听鸡鸣,

得乾坤清纯之气。

先学耐烦,切莫使气。

性躁心粗,一生不济。

举世好承奉,承奉非佳意;

不知承奉者,以尔为玩戏。

得时莫夸能,不遇休妒世。

物盛则必衰,有隆还有替。

路径仄处,留一步与人行;

滋味浓时,减三分让人嗜。

为人要学大,莫学小,

志气一卑污了,品格难乎其高;

持家要学小，莫学大，
门面一弄阔了，后来难乎其继。
争斗场中，出几句清冷言语，
便扫除无限杀机；
寒微路上，用一片赤热心肠，
遂培植许多生意。

一日为师，终身为父。

衣不如新，人不如故。

忍一言，息一怒；饶一着，退一步。

三十不立，四十见恶，五十相将寻死路。

爱儿不得爱儿怜，聪明反被聪明误。

心去终须去，再三留不住。

非意相干，可以理遣；

横逆加来，可以情恕。

贫穷患难，亲戚相顾；

婚姻死丧，邻保相助。

亲者毋失其为亲，故者毋失其为故。

得意不宜再往，凡事当留余步。

宁使人讶其不来，勿令人厌其不去。

有生必有死，孽钱归孽路。

不怕无来处，只怕多去处。

务要见景生情，切莫守株待兔。

丧家亡身，多言占了八分；

世微道替，百直曾无一遇。

得忍且忍，得耐且耐。

不忍不耐，小事变大。

事以密成，语以泄败。

相论逞英雄，家计渐渐退。

贤妇令夫贵，恶妇令夫败。

一人有庆，兆民永赖。

富贵家，宜宽厚，而反忌克，如何能享！

聪明人，宜敛藏，而反炫耀，如何不败！

见怪不怪，怪乃自败。

一正压百邪，少见必多怪。

君子之交淡以成，小人之交甘以坏。

视寝兴之早晚，知人家之兴败。

寂寞衡茅观燕寝，引起一段冷趣幽思；

芳菲园圃看蝶忙，觑破几般尘情世态。

言忠信，行笃敬。

君子安贫，达人知命。

惟圣罔念作狂，惟狂克念作圣。

爱人者，人恒爱；敬人者，人恒敬。

好讼之子，多致终凶；

积善之家，必有余庆。

损友敬而远，益友亲而近。

善与人交，久而能敬。

过则相规，言而有信。

贫士养亲，菽水承欢；

严父教子，义方是训。

不为昭昭信节，不为冥冥堕行。

勤,懿行也,君子敏于德义,
世人则借勤以济其贫;
俭,美德也,君子节于货财,
世人则假俭以饰其吝。
欲临死而无挂碍,先在生时事事看得轻;
欲遇变而无仓忙,须向常时念念守得定。
识得破,忍不过;说得硬,守不定。
笑前辙,忘后跌;轻千乘,豆羹竞。
子有过,父当隐;父有过,子当诤。
木受绳则直,人受谏则圣。
良药苦口利于病,忠言逆耳利于行。

家丑不可外传，流言切莫轻信。

下情难于上达，君子不耻下问。

芙蓉白面，不过带肉骷髅；

美艳红妆，尽是杀人利刃。

读书而寄兴于吟咏风雅，定不深心；

修德而留意于名誉事功，必无实证。

一人非之，便立不定，

只见得有是非，何曾知有道理？

一人不知，便就不平，

只见得有得失，何曾知有义命？

智生识，识生断。

当断不断，反受其乱。

人各有心，心各有见。

有盐同咸，无盐同淡。

人间私语，天闻若雷；

暗室亏心，神目如电。

一毫之恶，劝人莫作；

一毫之善，与人方便。

终身让路，不枉百步；

终身让畔，不失一段。

难合亦难分，易亲亦易散。

口说不如身行，耳闻不如目见。

只见锦上添花，未闻雪里送炭。

传家二字耕与读，防家二字盗与奸；

倾家二字淫与赌，守家二字勤与俭。

作种种之阴功，行时时之方便。

不汲汲于富贵,不戚戚于贫贱。
素位而行,不尤不怨。
先达之人可尊也,不可比媚;
权势之人可远也,不可侮慢。
祖宗富贵,自诗书中来,
子孙享富贵而贱诗书;
祖宗家业,自勤俭中来,
子孙得家业而忘勤俭。
以孝律身,即出将入相,
都做得妥妥亭亭;
以忍御气,虽横祸飞灾,
也免脱千千万万。

善有善报，恶有恶报。

若有不报，日子未到。

水不紧，鱼不跳。

年年防饥，夜夜防盗。

祸福无门，惟人自召。

好义固为人所钦，贪利乃为鬼所笑。

贤者不炫己之长，君子不夺人所好。

受享过分，必生灾害之端；

举动异常，每为不祥之兆。

救既败之事，如驭临崖之马，

休轻加一鞭；

图垂成之功，如挽上滩之舟，

莫稍停一棹。

窗前一片浮青映白,悟入处,尽是禅机;

阶下几点飞翠落红,收拾来,无非诗料。

种麻得麻,种豆得豆。

天网恢恢,疏而不漏。

见官莫向前,做客莫在后。

会数而礼勤,物薄而情厚。

大事不糊涂,小事不渗漏。

内藏精明,外示浑厚。

佳人傅粉,谁识白刃当前;

螳螂捕蝉,岂知黄雀在后!

天欲祸人,必先以微福骄之,

所以福来不必喜,要看会受;

天欲福人，必先以微祸儆之，所以祸来不必忧，要看会救。

算甚么命，问甚么卜？

欺人是祸，饶人是福。

鹪鹩巢林，不过一枝；偃鼠饮河，不过满腹。

大俭之后，必有大奢；大兵之后，必有大疫。

天网恢恢，报应甚速。

人欺不是辱，人怕不是福。

人亲财不亲，人熟礼不熟。

百病从口入，百祸从口出，片言九鼎，一公百服。

点石化为金，人心犹未足。
不肯种福田，舍财如割肉。
临时空手去，徒向阎君哭。
积产遗子孙，子孙未必守；
积书遗子孙，子孙未必读。
莫把真心空计较，惟有大德享百福。
不作无益害有益，不贵异物贱用物。
谁人不爱子孙贤，谁人不爱千钟粟，
奈五行不是这般题目。
恩宜自淡而浓，先浓后淡者，人忘其惠；
威宜自严而宽，先宽后严者，人怨其酷。
以积货财之心积学问，则盛德日新；
以爱妻子之心爱父母，则孝行自笃。

学须静,才须学。

非学无以广才,非静无以成学。

行义要强,受谏要弱。

生于忧患,死于安乐。

闲时不烧香,急时抱佛脚。

不患老而无成,只怕幼而不学。

咬得菜根香,寻出孔颜乐。

富贵如刀兵戈矛,

稍放纵便销膏靡骨而不知;

贫贱如针砭药石,

一忧勤即砥节砺行而不觉。

送君千里,终须一别。

不矜细行,终累大德。

亲戚不悦，无务外交；
事不终始，无务多业。
临难毋苟免，临财毋苟得。
气死莫告状，饿死莫做贼。
醉后思仇人，君子避酒客。
智者千虑，必有一失；
愚者千虑，必有一得。
千年田地八百主，田是主人人是客。
良田不由心田置，产业变为冤业折。
真士无心邀福，天即就无心处牖其衷；
险人着意避祸，天即就着意处夺其魄。
权贵龙骧，英雄虎战，
以冷眼观之，如蝇竞血，如蚁聚膻；

是非蜂起,得失猬兴,以冷情当之,如冶化金,如汤消雪。

客不离货,财不露白。

谗言不可听,听之祸殃结。

君听臣遭诛,父听子遭灭。

夫妇听之离,兄弟听之别。

朋友听之疏,亲戚听之绝。

鬼神可敬不可谄,冤家宜解不宜结。

人生何处不相逢,莫因小怨动声色。

心思如青天白日,不可使人不知;

才华如玉韫珠含,不可使人易测。

性天澄澈,即饥餐渴饮,无非康济身肠;

心地沉迷，纵演偈谈玄，总是播弄精魄。

芝兰生于深林，不以无人而不芳；

君子修其道德，不为穷困而改节。

满招损，谦受益。

百年光阴，如驹过隙。

世事明如镜，前程暗似漆。

有麝自然香，何必当风立。

良田万顷，日食三餐；

大厦千间，夜眠八尺。

救生不救死，寄物不寄失。

人生孰不需财，匹夫不可怀璧。

廉官可酌贪泉水，志士不受嗟来食。

适志在花柳灿烂、笙歌沸腾处，
那都是一场幻境界；
得趣于木落草枯、声稀味淡中，
才觅得一些真消息。
圣贤言语，雅俗并集，
人能体此，万无一失。

松下闲吟图　南宋·马　远

弟子规

(清)李毓秀 著

寒食归宁图 清·袁 江

孟母断机教子图

孟母断授教子图

鄒孟軻之母也號孟母其舍近墓孟子之少也嬉遊為墓間之事踴躍築埋孟母曰此非吾所以居處子乃去舍市傍其嬉戲為賈人衒賣之事孟母又曰此非吾所以居吾子也復徙舍學宮之傍其嬉遊乃設俎豆揖讓進退孟母曰真可以居吾子矣遂居之至童稚既學而歸孟母方績問曰學所至矣孟子曰自若也孟母以刀斷其織孟子懼而問其故孟母曰子之廢學若吾斷斯織也夫君子學以立名問則廣知是以居則安寧動則遠害今而廢之是不免於厮役而無以離于禍患也何以異於織績而食中道廢而不為寧能衣其夫子而長不乏糧食哉女則廢其所食男則墮於修德不為竊盜則為虜役矣孟子懼旦夕勤學不息師事子思遂成天下之名儒於詩云彼姝者子何以告之此者謂也千古之亞聖君子孟母知為人母之道矣

乾隆二十八年歲次昭陽協洽暮月既溥生畫於西子湖頭讀魚樓芥識

清·康涛

《弟子规》导读

胡 冰

　　《弟子规》原名《训蒙文》，原作者李毓秀，清朝康熙年间的秀才。原文根据《论语》的相关内容所著，后经贾存仁修订改编《训蒙文》，并改名《弟子规》。清朝之初，宋明理学被扬弃，提倡"经世致用"。《弟子规》不仅继承了儒家的核心思想，也展现了"经世致用"的学风。

一、总叙

　　第一章"总叙"分为四段。第一段，告诉读者它的来历，即"圣人"之言，接着用一个"训"字，暗示读者这是必须遵守的规范。"弟子规，圣人训"虽然只有六个字，却反映了中国传统社会认识论的特点，即不问是非，无须分辨真理，只需严格遵守的认识、实践特点。第二段，含儒家思想的四个概念："孝""悌""谨""信"。有孝心，就有了"仁"爱之心的基础；有兄弟感情，就懂得了"义"；懂得做事要谨言慎行，就有了"礼"仪；有了信用，人就懂得运用"智"慧。因此，"孝""悌""谨""信"事实上分别对应"仁""义""礼""智"这四个最基本的儒家伦理道德范畴。第三段是儒家思想的核心，即"亲仁"之说。上一段的四个道德范畴，个人如何能做到，就要通过"亲仁"来修炼。孟子提出"仁者，爱人"的命题，同时也提出"亲亲，仁也""仁之实，事亲是也"。一个人从尊敬自己的长辈扩展到尊敬别人的长辈，从爱护自己的子女扩展到爱护别人的子女，从"亲亲"扩展到"爱人"，从"爱人"扩展到"爱物"，反映了越是亲近越是爱得深的关系。"亲仁"之说奠定了我国传统社会中以血缘关系为纽带的宗法伦理基础。第四段，先用一个"余"字告诉人们，上面两段的道德要求是必须做到的，如果还有多余的精力，就要用来"学文"，如学习礼、乐、射、御、书、数六艺，或其他有益的学问。

　　社会主义核心价值观中的诚信、友善内含的爱，是建立在现代社会共同利益的要求之上的，是对全体公民提出的道德要求，需要人人达成公有观念。以血缘关系为纽带的宗法伦理道德的私人属性造成了传统社会"公共"观念的缺失，与现代公民社会的要求截然不同，因此，必须改造"亲仁"之说的"亲"字，将爱有差等之思想去掉。社会主义核心价值观的积极践行，必然要求我们不断学习，而这种学是有传统渊源的，就是第四段的"学"，但又有本质不同，因为传统社会的学是为了"优则仕"，是为了做官，而当前的"学"，是为了个人的进步，为了社会的进步。因此，需要改造以往的"学"，使之与创建学习型社会、树立终身学习理念相一致。

　　二、入则孝，出则弟

　　第二章"入则孝"、第三章"出则弟"主要是具体教导人们如何为孝、为悌。在中国传统社会中，孝道是第一大善，《弟子规》将其放于首位，目的是维护中央集权的统治秩序。维护这种社会秩序的根本方式就是通过"孝"来构筑一级又一级的服从，并通过无条件的服从达到"事诸父，如事父；事诸兄，如事兄"的结果。有了这种服从，社会的秩序才能步入正轨。所以《论语》曰："其为人也孝弟，而好犯上者，鲜矣。"

　　在具体的为孝、为悌上，其礼仪之烦琐让当代人瞠目结舌，如"晨则省，昏则定""亲有疾,药先尝""丧三年，常悲咽""路遇长，疾趋揖""尊长前，声要低"，等等。读后让我们深感身处现代社会的幸福。孝与悌的各种礼仪，实现了对思想、行为的全方位的控制，将人的个性禁锢。正因为此，这种礼仪也成为近代社会反封建反愚昧斗争的一个重要对象。

　　这两章可吸收的精华：一方面，古人充满智慧的处理社会关系的方法和原则，从小家到大国，富含人道主义的社会秩序规则；另一方面，在高度集权的统治中，它注意到了需辨是非的勇气。在如何服从上，也注意到了有理有节，例如，父母有过错，子女要耐心劝说，"亲有过，谏使更"，并要求有艺术性的劝说，要"怡无色，柔吾声"。

　　社会主义核心价值观中的和谐是中国传统文化的基本理念，反映了老有所养的诉求，也是社会主义现代化国家在社会建设领域的价值诉求。现实社会产生了功利主义、极度实利主义，产生了唯生产力发展论等思潮，创造性地吸收这两章中的"孝""悌"人道主义思想，吸收"尊长""恭立"等礼节，能有力地避免上述错误思潮的干扰，为和谐社会服务。

三、谨而信

第四章"谨"、第五章"信"主要教导人们如何做到谨言慎行。在中华传统文化中，修身为个人成长成才的第一要务，如何成为有道德修养的君子，需遵循先做后说的路径，通过学礼来养成诚实、守信、严谨等品格。

首先，它要求人们养成好的学习习惯和生活规律，讲究个人卫生，衣着整洁，饮食合度；其次，要求人们使用文明用语，说话注意场合和态度，言行举止要有规范的姿势；最后，要求人们说话诚实，注意分寸，讲究诚信。通过生活习惯的养成，形成好的德行。

这两章中可吸收的精华有：第一，道德品格的养成源于生活，源于生活的每一个细节，这对当前德育工作有很大的启发。第二，诚信品格的养成，应"凡出言，信为先，诈与妄，奚可焉？"，并且要求做到"见未真，勿轻言；知未的，勿轻传"。在新媒体时代，轻信、轻传现象常有发生，重温这段经典，注重从小养成不轻信、不轻传的习惯，个人和社会都将受益。第三，习得内省的修身方法，如"见人善，即思齐"，这是一种良好的教育方式。

社会主义核心价值观中的诚信、友善有鲜明的时代基础，即人格独立、个性张扬、思想自由。而《弟子规》在这两章中将德行外化为每一个日常礼仪，抑制了个人的天性，将人的生命高度政治化和道德化，如"揖深圆，拜恭敬"。"不关己，莫闲管"是传统熟人社会的特点，与公民社会不符，会造成人性的冷漠。这些不合时宜的内容，在读这两章时需甄别清楚，这几句话建议小学生不背诵。

四、泛爱众，而亲仁

第六章"泛爱众"、第七章"亲仁"主要教导人们如何处理人与人之间的关系，要求做到"仁者爱人"。在儒家文化中，"仁爱"为其思想的核心。这两章讲述如何通过"泛爱"达到"亲仁"的具体方法。

首先，它要求人们认识到一个人的德行比他的外貌和财富重要。一个有学识的人自然会被别人尊重，"行高者，名自高；人所重，非貌高"。其次，要求一视同仁和能换位思考，即站在别人的立场上想问题，做到尊重他人，"勿谄富，勿骄贫""己不欲，即速已"。再次，要求扬善止恶，多讲别人好的地方，与人为善。最后，要求统治者对待下属宽厚、仁慈。

这两章的精华为：（上述内容都有可取之处）总体而言，一方面，教育人们要养成仁爱的道德品质；另一方面，告诉人们环境的熏陶对仁爱之心的外化具有重要作用。

社会主义核心价值观中的友善包含了以上传统文化的优秀品格，例如，尊重他人，为他人着想，不说别人的坏话等，但也需厘清立场和相关观点。第一，社会主义核心价值观中的友善精神的前提是民主，"待婢仆，身贵端；虽贵端，慈而宽"是一种统治者居高临下的仁爱态度，必须摒弃。"人有短，切莫揭"和"批评与自我批评"的民主作风相背离。第二，社会主义核心价值观中的友善精神的具体表现应该是多样化的，《弟子规》的这两章将仁爱的做法统一化、标准化，使整个社会缺乏差异，人的想象力和辨识力被制约。第三，社会主义核心价值观中的友善精神需有法治理念，止恶不是不说不传就可以，而是要通过法治禁止。

五、行有余力，则以学文

第八章"余力学文"主要教导人们如何学习，要求做到知行合一，即理论与实践相结合。首先，"不力行，但学文，长浮华，成何人！但力行，不学文，任己见，昧理真"。意思是：读书不能只读不做，如果只读不做，会养成华而不实的习气；也不能只做不读，如果只做不读，会成为一个不明事理和固执己见的人。其次，读书要讲究方法。"读书法，有三到：心眼口，信皆要"，要求读书时专心致志，多思考多提问，这样才能明白更多的道理。再次，读书要养成好的习惯。"房室清，墙壁净，几案洁，笔砚正"，要学会收拾自己的学习用品，文具和书本要归类放好，养成有秩序的思维观念。最后，注重儒家经典的学习。"非圣书，屏勿视，蔽聪明，坏心志"，认为只有看"圣书"才是有益的。选择好的书，循序渐进，持之以恒地读，才能成为一个仁德的人。

这一章的精华为：第一，知行结合的认识方法，要求理论与实践相结合。第二，看淡物质享受，追求精神提升的快乐。第三，读书要有好习惯，并要从小养成。第四，读书要有恒心，要多思多问。第五，社会的文化水平较高时，社会的秩序更稳定，因此，提倡人们有余力时学习。

　　社会主义核心价值观中的文明需要人人学会学习，需要个人知识、能力和道德素质的提高。社会主义文化要求面向现代化、面向世界、面向未来，是民族的、科学的、大众的社会主义文化，因此，"非圣书"这种维护封建道德的观点必须扬弃。读书要有选择性，这个观点是正确的，但选择的内容已不纯粹是"圣书"。传统的读书虽然要求知行合一，但更多的是在实践中体悟圣言圣道，缺乏实证精神，缺乏独立的思辨能力培育，因此，它所提到的学习方式并不是完美的，只是一种参考。

贤母图 清·康涛

弟子规

《山水图册》之《竹林有真趣》　明·项圣谟

总叙 zǒng xù

弟子规，圣人训：^①
首孝弟，次谨信。^②
泛爱众，而亲仁。^③
有余力，则学文。^④

注释：①**弟子**：指学生。**规**：指做人的道理和规范。**圣人**：指的是至圣先师孔夫子。**训**：教诲。②**孝**：孝敬父母。**弟**：通"悌"，尊重兄长。**谨信**：谨慎、诚实。③**泛爱**：博爱。**泛**：广泛。**亲仁**：亲近仁德的人。④**文**：指文化典籍。

《孔子圣迹图》之《退修诗书》

连生贵子图　清·冷　枚

弟子规

入 则 孝[①]

父母呼，应勿缓；[②]
父母命，行勿懒。
父母教，须敬听；
父母责，须顺承。[③]
冬则温，夏则清；[④]
晨则省，昏则定。[⑤]
出必告，反必面；[⑥]
居有常，业无变。[⑦]

注释：①入：近到父母跟前。②呼：呼唤。应：答应。缓：迟缓。③顺承：恭顺、承受。④温：温暖。清：凉。⑤省：请安。定：安稳，指侍候父母安睡。⑥告：禀告。反：同"返"，指返家。面：面见父母，指问候。⑦居：居住。常：固定。业：职业，事业。

增广贤文·弟子规

事虽小，勿擅为；①
苟擅为，子道亏。②
物虽小，勿私藏；
苟私藏，亲心伤。③
亲所好，力为具；④
亲所恶，谨为去。⑤
身有伤，贻亲忧；⑥
德有伤，贻亲羞。⑦
亲爱我，孝何难？⑧
亲恶我，孝方贤。⑨
亲有过，谏使更，⑩
怡吾色，柔吾声。⑪

注释：①虽：即使。擅：擅自。②苟：如果。亏：缺陷，不完美。③亲：父母双亲。④力：尽心尽力。具：（为他们）准备。⑤谨：谨慎。去：排遣，排除。⑥贻：留给，带给。⑦羞：羞愧，丢脸。⑧孝：指向父母尽孝心。⑨孝方贤：仍能做到孝，才是真孝。⑩谏使更：进行规劝，使父母改正过错。⑪怡吾色，柔吾声：规劝时要和颜悦色，说话声音要温和。怡：和气。

弟子规

谏不入，悦复谏，①
号泣随，挞无怨。②
亲有疾，药先尝，
昼夜侍，不离床。
丧三年，常悲咽，
居处辨，酒肉绝。③
丧尽礼，祭尽诚，
事死者，如事生。④

注释：①悦：和颜悦色。②号泣随：要哭叫着予以规劝。挞：用鞭、棍抽打。③辨：辨别，选择。这里指守丧期间要选择适当的住处。《仪礼》规定，三年守丧期间，要住庐棚，铺干草，枕土块。④事：侍奉。

丁兰刻木事亲　佚名

《钦定元王恽承华事略补图》之《汉和帝亲爱图》

出则弟

兄道友，弟道恭，
兄弟睦，孝在中。
财物轻，怨何生？
言语忍，忿自泯。
或饮食，或坐走，
长者先，幼者后。
长呼人，即代叫，
人不在，己即到。

注释：①出：指走出自己的房子。弟：通"悌"，指敬爱哥哥。②友：友爱。恭：恭敬。③轻：看轻。④忿：怨恨。⑤呼人：叫人，找人。代叫：代长辈或年长者去叫人。

弟子规

称 zhǎng　wù hū míng
称尊长，勿呼名；
duì zūn zhǎng　wù xiàn néng
对尊长，勿见能。①
lù yù zhǎng　jí qū yī
路遇长，疾趋揖，②
zhǎng wú yán　tuì gōng lì
长无言，退恭立。
qí xià mǎ　chéng xià chē
骑下马，乘下车，
guò yóu dài　bǎi bù yú
过犹待，百步余。
zhǎng zhě lì　yòu wù zuò
长者立，幼勿坐；
zhǎng zhě zuò　mìng nǎi zuò
长者坐，命乃坐。③

注释：①**见能：**显能。见：通"现"，显露。②**疾趋揖：**立即迎上前去行礼。③**命乃坐：**命令坐下时才能坐下。

窦燕山教子·杨柳青木版年画

尊长前，声要低，
低不闻，却非宜。①
进必趋，退必迟，
问起对，视勿移。
事诸父，如事父；②
事诸兄，如事兄。③

注释：①不闻：听不到。非宜：不适合。②诸父：叔父、伯父等父辈尊长。③诸兄：堂兄、表兄等平辈的兄长。

双龙传·杨柳青木版年画

《钦定元王恽承华事略补图》之《唐太子隆基释奠国学图》

谨

朝起早，夜眠迟，
老易至，惜此时。
晨必盥，兼漱口，①
便溺回，辄净手。②
冠必正，纽必结，③
袜与履，俱紧切。④
置冠服，有定位，⑤
勿乱顿，致污秽。⑥

注释：①盥：洗脸、洗手。②便溺：指大小便。溺：旧同"尿"。辄：就要。净手：指洗手。③冠：帽子。纽：纽扣。④履：鞋。俱紧切：都要穿好。⑤置：放置。有定位：有固定的位置。⑥乱顿：乱放。顿：安顿，放置。

衣贵洁，不贵华，①
上循分，下称家。②
对饮食，勿拣择，
食适可，勿过则。③
年方少，勿饮酒，
饮酒醉，最为丑。
步从容，立端正，
揖深圆，拜恭敬。④

注释：①华：华丽。②上循分：当官的穿衣服要遵循自己的身份。下称家：老百姓穿衣服要与家庭的地位条件相称。③过则：指过量。则：准则。④揖：作揖打拱。深圆：旧时对作揖打拱要求曲身，低头，两手圆拱。

琴棋书画·天津杨柳青木版年画

勿践阈，勿跛倚，①
勿箕踞，勿摇髀。②
缓揭帘，勿有声；
宽转弯，勿触棱。③
执虚器，如执盈；④
入虚室，如有人。⑤
事勿忙，忙多错；⑥
勿畏难，勿轻略。⑦
斗闹场，绝勿近；
邪僻事，绝勿问。⑧
将入门，问孰存；⑨
将上堂，声必扬。⑩

注释：①**践**：踩，踏。**阈**：门槛。**跛**：一只脚站着。②**勿箕踞**：不要在蹲、坐时把腿叉开成八字形。**箕**：簸箕，这里指八字形。**踞**：蹲或坐。**摇髀**：摇晃大腿。③**棱**：指有棱角的东西。④**虚器**：空的器具。**盈**：满，此指盛满东西的器具。⑤**虚室**：空房，无人的房间。⑥**忙**：指忙乱、着急。⑦**轻略**：指草率行事，粗枝大叶。⑧**邪僻事**：指不正当、不合乎礼的坏事、怪事。⑨**孰存**：谁在房子里。**孰**：谁。⑩**堂**：指堂屋。**扬**：升高。

人问谁，对以名，
吾与我，不分明。①
用人物，须明求，②
倘不问，即为偷。
借人物，及时还；
人借物，有勿悭。③

注释：①吾与我，不分明：意为"不要回答'吾'或'我'，因为这样，主人分不清来者究竟是谁"。②人物：别人的东西。明求：公开、当面提出请求。③悭：吝啬，小气。此字读起来与上面的"还"字不大押韵，保留不少古音的粤语读音类似 han，明显押韵。有的版本将"有勿悭"改作"借不难"，则完全押韵。

渔樵耕读·杨柳青木版年画

《钦定元王恽承华事略补图》之《齐宣王易牛图》

信

凡出言，信为先，
诈与妄，奚可焉？②
话说多，不如少，
惟其是，勿佞巧。
刻薄语，秽污词，
市井气，切戒之。③
见未真，勿轻言；④
知未的，勿轻传。⑤
事非宜，勿轻诺；⑥
苟轻诺，进退错。

注释：①信：信用。②妄：胡说，胡作非为。奚：怎么。焉：表示疑问的语气词。③市井气：指市侩习气。④见未真：看到的、了解到的不真实。轻言：随便对人讲。⑤的：实在，真实。⑥宜：适宜。诺：答应，同意。

凡道字，重且舒，①
勿急疾，勿模糊。②
彼说长，此说短，
不关己，莫闲管。
见人善，即思齐，③
纵去远，以渐跻。④
见人恶，即内省，⑤
有则改，无加警。⑥

注释：①道字：说话，吐字。重且舒：指声音要响亮，而且速度要慢。②疾：急促。此字收入《清麓丛书续编·蒙养书九种》的《弟子规》时用"遽"。从与"舒""糊"押韵角度看，用"遽"也有合理之处。③齐：看齐。④去：距离。跻：升，登。⑤省：反省，检查。⑥加警：加以警惕。

谎言无益·杨柳青木版年画

惟德学，惟才艺，
不如人，当自励。
若衣服，若饮食，
不如人，勿生戚。①
闻过怒，闻誉乐，
损友来，益友却。②
闻誉恐，闻过欣，③
直谅士，渐相亲。④
无心非，名为错；⑤
有心非，名为恶。
过能改，归于无；
倘掩饰，增一辜。⑥

注释：①戚：悲伤，忧愁。②损友：指对自己有损害的朋友。益友：指对自己有帮助的朋友。却：退却，避开。③誉：赞扬。④直谅士：正直、诚实的人。⑤非：做了坏事。⑥增一辜：指错上加错。辜：罪过。

《钦定元王恽承华事略补图》之《唐明皇宴京师侍老图》

泛爱众

凡是人，皆须爱，
天同覆，地同载。①
行高者，名自高，②
人所重，非貌高。③
才大者，望自大，④
人所服，非言大。⑤
己有能，勿自私；
人所能，勿轻訾。⑥
勿谄富，勿骄贫，⑦
勿厌故，勿喜新。⑧

注释：①覆：覆盖。②行高：品行高尚。名：名望。③貌高：相貌好。④望自大：名望自然大。⑤言大：说大话。⑥訾：诽谤，非议。⑦谄富：指羡慕富人，向富人谄媚。骄贫：指看不起穷人，对穷人傲慢无礼。⑧故：旧。

人不闲，勿事搅；^①

人不安，勿话扰。

人有短，切莫揭；

人有私，切莫说。^②

道人善，即是善，^③

人知之，愈思勉。^④

扬人恶，即是恶，

疾之甚，祸且作。^⑤

注释：①事搅：用事情打搅。②私：隐私，此指见不得人的事。③道：说。即是善：这本身就是一件好事。④勉：鼓励。⑤疾：仇恨。作：发生。

《历朝贤后故事图》之《教训诸王》 清·焦秉贞

善相劝，德皆建；
过不规，道两亏。
凡取与，贵分晓，①
与宜多，取宜少。
将加人，先问己，②
己不欲，即速已。③
恩欲报，怨欲忘；
报怨短，报恩长。
待婢仆，身贵端；④
虽贵端，慈而宽。⑤
势服人，心不然；⑥
理服人，方无言。

注释：①取：拿人家的东西。与：给人家东西。贵分晓：贵在区分清楚。②加：施及。③已：停止。④贵端：以品行端正、态度端正为贵。⑤慈而宽：仁慈而宽厚。⑥不然：不这样，指不服。

《钦定元王恽承华事略补图》之《唐元宗友悌图》

亲 仁

同是人，类不齐；①
流俗众，仁者希。②
果仁者，人多畏；③
言不讳，色不媚。④
能亲仁，无限好，
德日进，过日少。⑤
不亲仁，无限害，
小人进，百事坏。⑥

注释：①类：品类、等级。②流俗：指世间平庸的人。众：多。希：同"稀"，少。③果：真。畏：敬畏。④言不讳，色不媚：指仁者说话直言不讳，态度不逢迎谄媚。⑤日进：一天比一天长进。日少：一天比一天减少。⑥小人：指行为不正派的人。进：亲近，包围。

溪亭松鹤图　清·王　翚　等

闭户著书图 明·沈颢

增广贤文·弟子规

余力学文

不力行，但学文，①
长浮华，成何人！②
但力行，不学文，
任己见，昧理真。③
读书法，有三到：
心眼口，信皆要。④
方读此，勿慕彼，
此未终，彼勿起。
宽为限，紧用功，⑤
工夫到，滞塞通。⑥

注释：①力行：努力去实践。②浮华：表面华丽而不切实际。③昧：无知，不明白。④信：确实，诚然。要：重要。⑤宽为限：指学习期限放宽些。⑥滞塞：指不懂的地方，不明白之处。

心有疑，随札记，①
就人问，求确义。②
房室清，墙壁净，
几案洁，笔砚正。
墨磨偏，心不端；
字不敬，心先病。
列典籍，有定处，
读看毕，还原处。

注释：①札记：指做笔记。②就人问：找人问。确义：确切的含义。

西园雅集图（局部） 南宋·马　远

增广贤文·弟子规

虽有急，卷束齐，
有缺损，就补之。
非圣书，屏勿视，①
蔽聪明，坏心志。②
勿自暴，勿自弃，
圣与贤，可驯致。③

注释：①圣书：指儒家经典。屏：舍弃。②蔽：蒙蔽，埋没。心志：思想。③驯致：逐渐达到。驯：渐进。致：达到。

《孔子圣迹图》之《杏坛礼乐》　明·佚　名